Le Buisson ardent

Romain Rolland

Paul Ollendorff, Paris, 1911

Édition : BoD – Books on Demand, info@bod.fr
Impression : BoD – Books on Demand,
In de Tarpen 42, Norderstedt (Allemagne)
ISBN : 978-2-3225-3665-8
Dépôt légal : juillet 2024

PREMIÈRE PARTIE

Calme du cœur. Les vents suspendus. L'air immobile…

Christophe était tranquille ; la paix était en lui. Il éprouvait quelque fierté de l'avoir conquise. Et secrètement, il en était contrit. Il s'étonnait du silence. Ses passions étaient endormies ; il croyait, de bonne foi, qu'elles ne se réveilleraient plus.

Sa grande force, un peu brutale, s'assoupissait, sans objet, désœuvrée. Au fond, un vide secret, un : « à quoi bon », caché ; peut-être le sentiment du bonheur qu'il n'avait pas su saisir. Il n'avait plus assez à lutter ni contre soi, ni contre les autres. Il n'avait plus assez de peine, même à travailler. Il était arrivé au terme d'une étape ; il bénéficiait de la somme de ses efforts antérieurs ; il épuisait trop aisément la veine musicale qu'il avait ouverte ; et tandis que le public, naturellement en retard, découvrait et admirait ses œuvres passées, lui, commençait à s'en détacher, sans savoir encore s'il irait plus avant. Il jouissait, dans la création, d'un bonheur uniforme. L'art n'était plus pour lui, à cet instant de sa vie, qu'un bel instrument, dont il jouait en virtuose. Il se sentait, avec honte, devenir dilettante.

« *Il faut,* disait Ibsen, *pour persévérer dans l'art, autre chose et plus qu'un génie naturel : des passions, des douleurs qui remplissent la vie et lui donnent un sens. Sinon, l'on ne crée pas, on écrit des livres.* »

Christophe écrivait des livres. Il n'y était pas habitué. Ces livres étaient beaux. Il les eût préférés moins beaux et plus vivants. Cet athlète au repos, qui ne savait que faire de ses muscles, regardait, avec le bâillement d'un fauve qui s'ennuie, les années, les années de tranquille travail qui l'attendaient. Et comme, avec son vieux fonds d'optimisme germanique, il se persuadait volontiers que tout était pour le mieux, il pensait que c'était là sans doute le terme inévitable ; il se flattait d'être sorti de la tourmente, d'être devenu son maître. Ce n'était pas beaucoup dire… Enfin ! On règne sur ce qu'on a, on est ce qu'on peut être… Il se croyait arrivé au port.

Les deux amis n'habitaient pas ensemble. Quand Jacqueline était partie, Christophe avait pensé qu'Olivier reviendrait s'installer chez lui. Mais Olivier ne le pouvait point. Malgré le besoin qu'il avait de se rapprocher de Christophe, il sentait l'impossibilité de reprendre avec lui l'existence d'autrefois. Après les années passées avec Jacqueline, il lui eût semblé intolérable, et même sacrilège, d'introduire un autre dans l'intimité de sa vie, — cet autre l'aimât-il mieux mille fois et fût-il mieux aimé de lui que Jacqueline. — Cela ne se raisonne pas.

Christophe avait eu peine à comprendre. Il revenait à la charge, il s'étonnait, il s'attristait, il s'indignait. — Puis, son instinct, supérieur à son intelligence, l'avertit. Brusquement, il se tut, et trouva qu'Olivier avait raison.

Mais ils se voyaient, chaque jour ; et jamais ils n'avaient été plus unis, quand ils vivaient sous le même toit. Peut-être n'échangeaient-ils pas dans leurs entretiens les pensées les plus intimes. Ils n'en avaient pas besoin. L'échange se faisait, de soi-même, sans paroles, par la grâce des cœurs aimants.

Tous deux causaient peu, absorbés, l'un dans son art, et l'autre dans ses souvenirs. La peine d'Olivier s'atténuait ;

4

mais il ne faisait rien pour cela, il s'y complaisait presque : ce fut pendant longtemps sa seule raison de vivre. Il aimait son enfant ; mais son enfant — un bébé vagissant — ne pouvait tenir grand place dans sa vie. Il y a des hommes qui sont plus amants que pères. Il ne servirait à rien de s'en scandaliser. La nature n'est pas uniforme ; et il serait absurde de vouloir imposer à tous les mêmes lois du cœur. Nul n'a le droit de sacrifier ses devoirs à son cœur. Du moins, il faut reconnaître au cœur le droit de n'être pas heureux, en faisant son devoir. Ce qu'Olivier aimait le plus peut-être en son enfant, c'était celle dont la chair l'avait formé.

Jusqu'à ces derniers temps, il avait fait peu attention aux souffrances des autres. Il était un intellectuel, qui vit trop enfermé en soi. Ce n'était pas égoïsme, c'était habitude maladive du rêve. Jacqueline avait encore élargi le vide autour de lui ; son amour avait tracé entre Olivier et les autres hommes un cercle magique, qui persistait après que l'amour n'était plus. Et puis, il était, de tempérament, un petit aristocrate. Depuis l'enfance, en dépit de son cœur tendre, il s'était tenu éloigné de la foule, pour des raisons de délicatesse de corps et d'âme. L'odeur et les pensées de ces gens lui répugnaient.

Mais tout avait changé, à la suite d'un fait-divers banal, dont il venait d'être le témoin.

5

Il avait loué un appartement très modeste, dans le haut Montrouge, non loin de Christophe et de Cécile. Le quartier était populaire, et la maison habitée par de petits rentiers, des employés, et quelques ménages ouvriers. En tout autre temps, il eût souffert du milieu où il se trouvait un étranger ; mais en ce moment, peu lui importait, ici ou là : il se trouvait partout un étranger. Il savait à peine qui il avait pour voisins, et il ne voulait pas le savoir. Quand il revenait du travail — (il avait pris un emploi dans une maison d'éditions) — il s'enfermait avec ses souvenirs, et il n'en sortait que pour aller voir son enfant et Christophe. Son logement n'était pas le foyer pour lui : c'était la chambre noire où se fixent les images du passé ; plus elle était noire et nue, plus nettement ressortaient les images intérieures. À peine remarquait-il les figures qu'il croisait sur l'escalier. À son insu pourtant, certaines se fixaient en lui. Il est telle nature d'esprits qui ne voient bien les choses qu'après qu'elles sont passées. Mais alors, rien ne leur échappe, les moindres détails sont gravés au burin. Olivier était ainsi : il était peuplé d'ombres des vivants. Au choc d'une émotion, elles surgissaient ; et Olivier s'étonnait, les reconnaissait sans les avoir connues, parfois tendait les mains pour les saisir... Trop tard.

Un jour, en sortant de chez lui, il vit un rassemblement devant la porte de la maison, autour de la concierge qui pérorait. Il était si peu curieux qu'il eût continué son chemin sans s'informer ; mais la concierge, désireuse de recruter un auditeur de plus, l'arrêta, pour lui demander s'il savait ce qui était arrivé à ces pauvres Roussel. Olivier ne savait même pas qui étaient « ces pauvres Roussel » ; et il prêta l'oreille, avec une indifférence polie. Quand il apprit qu'une famille d'ouvriers, père, mère et cinq enfants venait de se suicider de misère, dans sa maison, il resta comme les autres à regarder les murs de la bâtisse, en écoutant la narratrice qui ne se lassait pas de recommencer l'histoire. À mesure qu'elle parlait, des souvenirs lui revenaient, il s'apercevait qu'il avait vu ces gens ; il posa quelques questions... Oui, il les reconnaissait : l'homme — (il entendait sa respiration sifflante dans l'escalier) — un ouvrier boulanger, au teint blême, le sang bu par la chaleur du four, les joues creuses, mal rasé ; il avait eu une pneumonie, au commencement de l'hiver ; il s'était remis à la tâche, insuffisamment guéri ; une rechute était survenue ; depuis trois semaines, il était sans travail et sans forces. La femme, traînant d'incessantes grossesses, percluse de rhumatismes, s'épuisait à faire quelques ménages, passait les journées en courses, pour tâcher d'obtenir de l'Assistance Publique de maigres secours qui ne se pressaient pas de venir. En attendant, les enfants venaient, et ne se lassaient point : onze ans, sept ans, trois ans, — sans parler de deux autres qu'on avait perdus sur la route ; — et pour achever, deux jumeaux qui avaient choisi ce moment pour faire leur apparition ; ils étaient nés, le mois passé.

— Le jour de leur naissance, racontait une voisine, l'aînée des cinq, la petite de onze ans, Justine — pauvre gosse ! — s'est mise à sangloter, en demandant comment elle viendrait à bout de les porter tous les deux.

Olivier revit sur-le-champ l'image de la fillette, — un front volumineux, des cheveux pâles tirés en arrière, les yeux gris trouble, à fleur de tête. On la rencontrait toujours, portant les provisions, ou la sœur plus petite ; ou bien elle tenait par la main le frère de sept ans, un garçon au minois fin et chétif, qui avait un œil perdu. Quand ils se croisaient dans l'escalier, Olivier disait, avec sa politesse distraite :

— Pardon, mademoiselle.

Elle, ne disait rien ; elle passait, raide, s'effaçant à peine ; mais cette courtoisie illusoire lui faisait un secret plaisir. La veille au soir, à six heures, en descendant, il l'avait rencontrée pour la dernière fois ; elle montait un seau de charbon de bois. Il n'y avait pas pris garde, sinon à ce que la charge semblait bien lourde. Mais c'est chose naturelle, pour les enfants du peuple. Olivier avait salué, comme d'habitude, sans regarder. Quelques marches plus bas, levant machinalement la tête, il avait vu, penchée sur le palier de l'étage, la petite figure crispée, qui le regardait descendre. Elle s'était aussitôt détournée et avait repris sa montée. Savait-elle où cette montée la menait ? — Olivier n'en doutait pas, et il était obsédé par la pensée de cette enfant, qui rapportait dans son seau trop lourd la mort, comme une délivrance, — les malheureux petits, pour qui ne plus être voulait dire ne plus souffrir ! Il ne put continuer sa promenade. Il rentra dans sa chambre. Mais là, sentir ces morts près de lui... Quelques cloisons l'en séparaient... Penser qu'il avait vécu à côté de ces angoisses !

Il alla voir Christophe. Il avait le cœur serré ; il se disait qu'il est monstrueux de s'absorber, comme il avait fait, dans de vains regrets d'amour, lorsque tant d'êtres souffraient de malheurs mille fois plus cruels, et qu'on pouvait les sauver. Son émotion était profonde ; elle n'eut pas de peine à se communiquer. Christophe, facilement impressionnable, fut remué à son tour. Au récit d'Olivier, il déchira la page qu'il venait d'écrire, se traitant d'égoïste qui s'amuse à des jeux d'enfant. Mais ensuite, il ramassa les morceaux déchirés. Il était trop pris par sa musique ; et son instinct lui disait qu'une œuvre d'art de moins ne ferait pas un heureux de plus. Cette tragédie de la misère n'était pour lui rien de nouveau ; depuis l'enfance, il était habitué à marcher sur le bord de tels abîmes, et à n'y pas tomber. Même, il était sévère pour le suicide, à ce moment de sa vie où il se sentait en pleine force et ne concevait pas qu'on pût, pour quelque souffrance que ce fût, renoncer à la lutte. La souffrance et la lutte, qu'y a-t-il de plus normal ? C'est l'échine de l'univers.

Olivier avait aussi passé par des épreuves semblables ; mais jamais il n'avait pu en prendre son parti, ni pour lui, ni pour les autres. Il avait l'horreur de cette misère, où la vie de sa chère Antoinette s'était consumée. Après qu'il avait épousé Jacqueline, quand il s'était laissé amollir par la richesse et par l'amour, il avait eu hâte d'écarter le souvenir des tristes années où sa sœur et lui s'épuisaient à gagner, chaque jour, leur droit à vivre le lendemain, sans savoir s'ils y réussiraient. Ces images reparaissaient, à présent qu'il n'avait plus son égoïsme juvénile à sauvegarder. Au lieu de fuir le visage de la souffrance, il se mit à sa recherche. Il n'avait pas beaucoup de chemin à faire pour la trouver. Dans son état d'esprit, il devait la voir partout. Elle remplissait le monde. Le monde, cet hôpital... Ô douleurs d'agonies ! Douleurs de chair blessée, pantelante, qui pourrit vivante. Silencieuses tortures des cœurs que le chagrin consume. Enfants qu'on n'aime point, pauvres filles sans espoir, femmes séduites ou trahies, hommes déçus dans leurs amitiés, leurs amours et leur foi, troupe lamentable des malheureux que la vie a meurtris et qu'elle oublie !... Le plus atroce n'était pas la misère et la maladie ; c'était la cruauté des hommes, les uns envers les autres. À peine Olivier eut-il levé la trappe qui fermait l'enfer humain que monta vers lui la clameur de tous les opprimés, les pauvres exploités, les peuples persécutés, l'Arménie massacrée, la Finlande étouffée, la Pologne écartelée, la Russie martyrisée, l'Afrique livrée en curée aux rapaces européens, les misérables de tout le genre humain. Il en fut suffoqué ; il l'entendait partout, il ne pouvait plus ne plus l'entendre, il ne pouvait plus concevoir qu'il y eût des gens qui pensassent à autre chose. Il en parlait sans cesse à Christophe. Christophe, troublé, disait :

— Tais-toi ! laisse-moi travailler.

Et comme il avait peine à reprendre son équilibre, il s'irritait, jurait :

— Au diable ! Ma journée est perdue ! Te voilà bien avancé !

Olivier s'excusait.

— Mon petit, disait Christophe, il ne faut pas toujours regarder dans le gouffre. On ne peut plus vivre.

— Il faut tendre la main à ceux qui sont dans le gouffre.

— Sans doute. Mais comment ? En nous y jetant aussi ? Car c'est cela que tu veux. Tu as une propension à ne plus voir dans la vie que ce qu'elle a de triste. Que le bon Dieu te bénisse ! Ce pessimisme est charitable, assurément ; mais il est déprimant. Veux-tu faire du bonheur ? D'abord, sois heureux.

— Heureux ! Comment peut-on avoir le cœur de l'être, quand on voit tant de souffrances ? Il ne peut y avoir de bonheur qu'à tâcher de les diminuer, en combattant le mal.

— Fort bien. Mais ce n'est pas en allant me battre à tort et à travers que j'aiderai les malheureux. Un mauvais soldat de plus, ce n'est guère. Mais je puis consoler par mon art, répandre la force et la joie. Sais-tu combien de misérables ont été soutenus dans leurs souffrances par la beauté d'une pensée, d'une chanson ailée ? À chacun son métier ! Vous autres de France, en généreux hurluberlus, vous êtes toujours les premiers à manifester contre toutes les injustices, d'Espagne ou de Russie, sans savoir bien de quoi il s'agit. Je vous aime pour cela. Mais croyez-vous que vous avanciez les choses ? Vous vous y jetez en brouillons, et le résultat est nul, — quand par hasard il n'est pas pire... Et vois, jamais votre art n'a été plus étiolé qu'en ce temps où vos artistes prétendent se mêler à l'action universelle. Chose étrange que tant de petits-maîtres dilettantes et roués osent s'ériger en apôtres ! Ils feraient beaucoup mieux de verser à leur peuple un vin moins frelaté. — Mon premier devoir, c'est de faire bien ce que je fais, et de vous fabriquer une musique saine, qui vous refasse du sang et mette en vous du soleil.

Pour répandre le soleil sur les autres, il faut l'avoir en soi. Olivier en manquait. Comme les meilleurs d'aujourd'hui, il n'était pas assez fort pour rayonner la force, à lui tout seul. Il ne l'aurait pu qu'en s'unissant avec d'autres. Mais avec qui s'unir ? Libre d'esprit et religieux de cœur, il était rejeté de tous les partis, politiques et religieux. Ils rivalisaient tous entre eux, d'intolérance et d'étroitesse. Dès qu'ils avaient le pouvoir, c'était pour en abuser. Seuls, les faibles et les opprimés attiraient Olivier. En ceci du moins il partageait l'opinion de Christophe, qu'avant de combattre les injustices lointaines, on devait combattre les injustices prochaines, celles qui vous entourent et dont on est plus ou moins responsable. Trop de gens se contentent, en protestant contre le mal commis par d'autres, sans songer à celui qu'ils font.

Il s'occupa d'abord d'assistance aux pauvres. Son amie, madame Arnaud, faisait partie d'une œuvre charitable. Olivier s'y fit admettre. Mais dans les premiers temps, il eut plus d'un mécompte : les pauvres dont il dut se charger n'étaient pas tous dignes d'intérêt ; ou ils répondaient mal à sa sympathie, ils se méfiaient de lui, ils lui restaient fermés. D'ailleurs, un intellectuel a peine à se satisfaire de la charité toute simple : elle arrose une si petite province du pays de misère ! Son action est presque toujours morcelée, fragmentaire ; elle semble aller au hasard, et panser les blessures, au fur et à mesure qu'elle en découvre ; elle est, en général, trop modeste et trop pressée pour s'aventurer jusqu'aux racines du mal. Or, c'est là une recherche dont l'esprit d'Olivier ne pouvait se passer.

Il se mit à étudier le problème de la misère sociale. Il ne manquait point de guides. En ce temps, la question sociale était devenue une question de société. On en parlait dans les salons, au théâtre, dans les romans. Chacun avait la prétention de la connaître. Une partie de la jeunesse y dépensait le meilleur de ses forces.

Il faut à toute génération nouvelle une belle folie. Même les plus égoïstes parmi les jeunes gens ont un trop-plein de vie, un capital d'énergie qui leur a été avancé et qui ne veut point rester improductif ; ils cherchent à le dépenser dans une action, ou — (plus prudemment) — dans une théorie. Aviation ou Révolution. Le sport des muscles ou celui des idées. On a besoin, quand on est jeune, de se donner l'illusion qu'on participe à un grand mouvement de l'humanité, qu'on renouvelle le monde. Beauté d'avoir des sens qui vibrent à tous les souffles de l'univers ! On est si libre et si léger ! On ne s'est pas encore chargé du lest d'une famille, on n'a rien, on ne risque guère. On est bien généreux, quand on peut renoncer à ce qu'on ne tient pas encore. Et puis, il est si bon d'aimer et de haïr, et de croire qu'on transforme la terre avec des rêves et des cris ! Les jeunes gens sont comme des chiens aux écoutes : on les voit frémir et aboyer au vent. Une injustice commise, à l'autre bout du monde, les faisait délirer.

Aboiements dans la nuit. D'une ferme à l'autre, au milieu des grands bois, ils se répondaient sans répit. La nuit était agitée. Il n'était pas facile de dormir, dans ce temps-là. Le vent charriait dans l'air l'écho de tant d'injustices !... L'injustice est innombrable ; pour remédier à l'une, on risque d'en causer d'autres. Qu'est-ce que l'injustice ? — Pour l'un, c'est la paix honteuse, la patrie démembrée. Pour l'autre, c'est la guerre. Pour celui-ci, c'est le passé détruit, c'est le prince banni ; pour celui-là, c'est l'Église spoliée ;

pour ce troisième, c'est l'avenir étouffé, la liberté en danger. Pour le peuple, c'est l'inégalité ; et pour l'élite, c'est l'égalité. Il y a tant d'injustices différentes que chaque époque choisit la sienne, — celle qu'elle combat, et celle qu'elle favorise.

À ce moment, le plus gros des efforts du monde étaient tournés contre les injustices sociales, — et visaient inconsciemment à en produire de nouvelles.

Et certes, ces injustices étaient grandes et s'étalaient aux yeux, depuis que la classe ouvrière, croissant en nombre et en puissance, était devenue un des rouages essentiels de l'État. Mais en dépit des déclamations de ses tribuns et de ses bardes, la situation de cette classe n'était pas pire, elle était meilleure qu'elle n'avait jamais été dans le passé ; et le changement ne venait pas de ce qu'elle souffrait plus, mais de ce qu'elle était plus forte. Plus forte, par la force même du capital ennemi, par la fatalité du développement économique et industriel, qui avait rassemblé ces travailleurs en armées prêtes au combat et, par le machinisme, leur avait mis les armes à la main, avait fait de chaque contremaître un maître qui commandait à la lumière, à la foudre, au mouvement, à l'énergie du monde. De cette masse énorme de forces élémentaires, que des chefs depuis peu tâchaient d'organiser, se dégageait une chaleur de brasier, des ondes électriques qui parcouraient, de proche en proche, le corps de la société humaine.

Ce n'était pas par sa justice, ou par la nouveauté et par la force de ses idées que la cause de ce peuple remuait la bourgeoisie intelligente, bien qu'ils voulussent le croire. C'était par sa vitalité.

Sa justice ? Mille autres justices étaient violées dans le monde, sans que le monde s'en émût. Ses idées ? Des lambeaux de vérités, ramassés çà et là, ajustés aux intérêts et à la taille d'une classe, aux dépens des autres classes. Des *credo* absurdes, comme tous les *credo*, — Droit divin des rois. Infaillibilité des papes, Suffrage universel, Égalité des hommes, — pareillement absurdes, si l'on ne considère que leur valeur de raison, et non la force qui les anime. Qu'importait leur médiocrité ? Les idées ne conquièrent pas le monde, en tant qu'idées, mais en tant que forces. Elles ne prennent pas les hommes par leur contenu intellectuel, mais par le rayonnement vital qui, à certains moments de l'histoire, s'en dégage. On dirait un fumet qui monte : les odorats les plus grossiers en sont saisis. La plus sublime idée restera sans effet, jusqu'au jour où elle devient contagieuse, non par ses propres mérites, mais par ceux des groupes humains qui l'incarnent et lui transfusent leur sang. Alors la plante desséchée, la rose de Jéricho, soudainement fleurit, grandit, remplit l'air de son arôme violent. — Telles de ces pensées, dont l'éclatant drapeau menait les classes ouvrières à l'assaut de la citadelle bourgeoise, étaient sorties du cerveau de rêveurs bourgeois. Tant qu'elles étaient restées dans les livres des bourgeois, elles étaient comme mortes : des objets de musée, des momies emmaillotées dans des vitrines, que personne ne regarde. Mais aussitôt que le peuple s'en était emparé, il les avait faites peuple, il y avait ajouté sa réalité fiévreuse, qui les déformait, et qui les animait, soufflant dans ces raisons abstraites ses espoirs hallucinés, un vent brûlant d'Hégire. Elles se propageaient de l'un à l'autre. On en était touché, sans savoir ni par qui, ni comment elles avaient été apportées. Les personnes ne comptaient guère. L'épidémie morale continuait de s'étendre ; et il se pouvait que des êtres bornés la communiquassent à des êtres d'élite. Chacun en était porteur, à son insu.

Ces phénomènes de contagion intellectuelle sont de tous les temps et de tous les pays ; ils se font sentir même dans les États aristocratiques, où tâchent de se maintenir des castes fermées entre elles. Mais nulle part, ils ne sont plus foudroyants que dans les démocraties, qui ne conservent aucune barrière sanitaire entre l'élite et la foule. Celle-là est aussitôt contaminée, quoi qu'elle fasse. En dépit de son orgueil et de son intelligence, elle ne peut résister à la contagion : car elle est bien plus faible qu'elle ne pense. L'intelligence est un îlot, que les marées humaines rongent, effritent et recouvrent. Elle n'émerge de nouveau que quand le flux se retire. — On admire l'abnégation des privilégiés français qui abdiquèrent leurs droits, dans la nuit du 4 Août. Ce qui est le plus admirable sans doute, c'est qu'ils n'ont pu faire autrement. J'imagine que bon nombre d'entre eux, rentrés dans leur hôtel, se sont dit : « Qu'ai-je fait ? J'étais ivre... » La magnifique ivresse ! Loué soit le bon vin et la vigne qui le donne ! La vigne, dont le sang enivra les privilégiés de la vieille France, ce n'étaient pas eux qui l'avaient plantée. Le vin était tiré, il n'y avait qu'à le boire. Qui le buvait, délirait. Même ceux qui ne buvaient point avaient le vertige, rien qu'à humer en passant l'odeur de la cuvée. Vendanges de la Révolution !... Du vin de 89, il ne reste plus à présent, dans des celliers de famille, que quelques bouteilles éventées ; mais les enfants de nos petits-enfants se souviendront que leurs arrière-grands-pères en eurent la tête tournée.

C'était un vin plus âpre, mais non moins fort, qui montait au cerveau des jeunes bourgeois de la génération d'Olivier. Ils offraient leur classe en sacrifice au dieu nouveau, *Deo ignoto :* — le peuple.

Certes, ils n'étaient pas tous également sincères. Beaucoup ne voyaient là qu'une occasion de se distinguer de leur classe, en affectant de la mépriser. Pour la plupart, c'était un passe-temps intellectuel, un entraînement oratoire, qu'ils ne prenaient pas tout à fait au sérieux. Il y a plaisir à croire que l'on croit à une cause, que l'on se bat pour elle, ou bien que l'on se battra, — du moins, qu'on pourrait se battre. Il n'est même pas mauvais de penser que l'on risque quelque chose. Émotions de théâtre.

Elles sont bien innocentes, quand on s'y livre naïvement, sans qu'il s'y mêle de calcul intéressé. — Mais d'autres, plus avisés, ne jouaient qu'à bon escient ; le mouvement populaire leur était un moyen d'arriver. Tels les pirates Northmans, ils profitaient de la mer montante pour lancer leur barque à l'intérieur des terres ; ils comptaient pénétrer au fond des grands estuaires, et rester enfoncés dans les villes conquises, tandis que la mer se retire. La passe était étroite, et le flot capricieux : il fallait être habile. Mais deux ou trois générations de démagogie ont formé une race de corsaires, pour qui le métier n'a plus de secrets. Ils passaient hardiment, et n'avaient même pas un regard pour ceux qui sombraient en route.

Cette canaille-là est de tous les partis ; grâce à Dieu, aucun parti n'en est responsable. Mais le dégoût que ces aventuriers inspiraient aux sincères et aux convaincus avait conduit certains d'entre eux à désespérer de leur classe. Olivier voyait de jeunes bourgeois riches et instruits, qui avaient le sentiment de la déchéance de la bourgeoisie et de leur propre inutilité. Il n'avait que trop de penchant à sympathiser avec eux. Après avoir cru d'abord à la rénovation du peuple par l'élite, après avoir fondé des Universités Populaires et y avoir dépensé sans compter beaucoup de temps et d'argent, ils avaient constaté l'échec de leurs efforts ; leurs espoirs avaient été excessifs, leur découragement l'était aussi. Le peuple n'était pas venu à leur appel, ou il s'était sauvé. Quand il venait, il entendait tout de travers, il ne prenait de la culture bourgeoise que les vices et les ridicules. Enfin, plus d'une brebis galeuse s'étaient glissées dans les rangs des apôtres bourgeois, et les avaient discrédités, en exploitant du même coup le peuple et les bourgeois. Alors, il semblait aux gens de bonne foi que la bourgeoisie était condamnée, qu'elle ne pouvait qu'infecter le peuple, et que le peuple devait à tout prix se libérer, faire son chemin tout seul. Ils restaient donc sans autre action possible que de prédire ou de prévoir un mouvement qui se ferait sans eux et contre eux. Les uns y trouvaient une joie de renoncement, de sympathie humaine, profonde et désintéressée, qui se rassasie d'elle-même et de son sacrifice. Aimer, se donner ! La jeunesse est si riche de son propre fonds qu'elle peut se passer d'être payée de retour ; elle ne craint pas de rester dépourvue. Et elle peut se priver de tout, sauf d'aimer. — D'autres satisfaisaient là un plaisir de raison, une logique impérieuse ; ils se sacrifiaient non aux hommes, mais aux idées. C'étaient les plus intrépides. Ils éprouvaient une jouissance orgueilleuse à déduire de leurs raisonnements la fin fatale de leur classe. Il leur eût été plus pénible de voir leurs prédictions démenties que d'être écrasés sous le poids. Dans leur ivresse intellectuelle, ils criaient à ceux du dehors : « Plus fort ! Frappez plus fort ! Qu'il ne reste plus rien de nous ! » — Ils s'étaient faits les théoriciens de la violence.

De la violence des autres. Car, suivant l'habitude, ces apôtres de l'énergie brutale étaient presque toujours des gens distingués et débiles. Plus d'un étaient fonctionnaires de cet État, qu'ils parlaient de détruire, fonctionnaires appliqués, consciencieux et soumis. Leur violence théorique était la revanche de leur débilité, de leurs rancœurs et de la compression de leur vie. Mais elle était surtout l'indice des orages qui grondaient autour d'eux. Les théoriciens sont comme les météorologistes : ils disent, en termes scientifiques, non pas le temps qu'il fera, mais le temps qu'il fait. Ils sont la girouette, qui marque d'où souffle le vent. Quand ils tournent, ils ne sont pas loin de croire qu'ils font tourner le vent.

Le vent avait tourné.

Les idées s'usent vite dans une démocratie, d'autant plus vite qu'elles se sont plus promptement propagées. Combien de républicains en France s'étaient, en moins de cinquante ans, dégoûtés de la république, du suffrage universel, et de tant de libertés conquises avec ivresse ! Après le culte fétichiste du nombre, après l'optimisme béat qui avait cru aux saintes majorités et qui en attendait le progrès humain, l'esprit de violence soufflait ; l'incapacité des majorités à se gouverner elles-mêmes, leur vénalité, leur veulerie, leur basse et peureuse aversion de toute supériorité, leur lâcheté oppressive, soulevaient la révolte ; les minorités énergiques — toutes les minorités — en appelaient à la force. Un rapprochement baroque, et cependant fatal, se faisait entre les royalistes de l'Action Française et les syndicalistes de la C. G. T. Balzac parle, quelque part, de ces hommes de son temps, « *aristocrates par inclination, qui se faisaient républicains par dépit, uniquement pour trouver beaucoup d'inférieurs parmi leurs égaux.* » — Maigre plaisir. Il faut contraindre ces inférieurs à se reconnaître tels ; et pour cela, nul moyen qu'une autorité qui impose la suprématie de l'élite — ouvrière ou bourgeoise — au nombre qui l'opprime. Les jeunes intellectuels, petits bourgeois orgueilleux, se faisaient royalistes, ou révolutionnaires, par amour-propre froissé et par haine de l'égalité démocratique. Et les théoriciens désintéressés, les philosophes de la violence, en bonnes girouettes, se dressaient au-dessus d'eux, oriflammes de la tempête.

Et il y avait enfin la bande des littérateurs en quête d'inspiration, — de ceux qui savent écrire, mais ne savent trop quoi écrire : comme les Grecs à Aulis, bloqués par le calme plat, ils ne peuvent plus avancer, et guettent impatiemment le bon vent, quel qu'il soit, qui viendra gonfler leurs voiles. — On voyait là des illustres, de ceux que l'Affaire Dreyfus avait inopinément arrachés à leurs travaux de style et lancés dans les réunions publiques. Exemple trop suivi, au gré des initiateurs. Une foule de littérateurs s'occupaient maintenant de politique, et prétendaient régenter les affaires de l'État. Tout leur était prétexte à former des ligues, lancer des manifestes, sauver le Capitole. Après les intellectuels de l'avant-garde, les intellectuels de l'arrière : les uns valaient les autres. Chacun des deux partis traitait l'autre d'intellectuel, et se traitait lui-même d'intelligent. Ceux qui avaient la chance de posséder dans leurs veines quelques gouttes de sang du peuple, en étaient glorieux ; ils y trempaient leur plume, ils écrivaient, avec. — Tous, bourgeois, mécontents, et cherchant à reprendre l'autorité que la bourgeoisie avait, par son égoïsme, irrémédiablement perdue. Il était rare que ces apôtres soutinssent longtemps leur zèle apostolique. Au début, la cause leur valait des succès, qui n'étaient probablement pas dûs à leurs dons oratoires. Leur amour-propre en était délicieusement flatté. Depuis, ils continuaient, avec moins de succès, et quelque peur secrète d'être un peu ridicules. À la longue, ce dernier sentiment tendait à l'emporter, doublé de la lassitude d'un rôle difficile à jouer, pour des hommes de leurs goûts distingués et de leur scepticisme. Ils attendaient, pour battre en retraite, que le vent le leur permît, et aussi leur escorte. Car ils étaient prisonniers et de l'une et de l'autre. Ces Voltaire et ces Joseph de Maistre des temps nouveaux cachaient sous leur hardiesse de propos et d'écrits une incertitude épeurée, qui tâtait le terrain, craignait de se compromettre auprès des jeunes gens, s'évertuait à leur plaire, à être plus jeunes qu'eux. Révolutionnaires, ou contre-révolutionnaires, par littérature, ils se résignaient à suivre la mode littéraire qu'ils avaient contribué à fonder.

Le type le plus curieux qu'Olivier rencontra, dans cette petite avant-garde bourgeoise de la Révolution, fut le révolutionnaire par timidité.

L'échantillon qu'il en avait sous les yeux se nommait Pierre Canet. De riche bourgeoisie, et de famille conservatrice, hermétiquement fermée aux idées nouvelles : magistrats et fonctionnaires, qui s'étaient illustrés en boudant le pouvoir ou en se faisant révoquer ; gros bourgeois du Marais, qui flirtaient avec l'Église et pensaient peu, mais bien. Il s'était marié, par désœuvrement, avec une femme au nom aristocratique, qui ne pensait pas moins bien, ni davantage. Ce monde bigot, étroit et arriéré, qui remâchait perpétuellement sa morgue et son amertume, avait fini par l'exaspérer, — d'autant plus que sa femme était laide et l'assommait. D'intelligence moyenne, d'esprit assez ouvert, il avait des aspirations libérales, sans trop savoir en quoi elles consistaient : ce n'était pas dans son milieu qu'il aurait pu apprendre ce qu'était la liberté. Tout ce qu'il savait, c'est qu'elle n'était point là ; et il se figurait qu'il suffisait d'en sortir pour la trouver. Il était incapable de marcher seul. Dès ses premiers pas au dehors, il fut heureux de se joindre à des amis de collège, dont certains étaient férus des idées syndicalistes. Il se trouvait encore plus dépaysé dans ce monde que dans celui d'où il venait ; mais il ne voulait pas en convenir : il lui fallait bien vivre quelque part ; et des gens de sa nuance, (c'est-à-dire sans nuance), il n'en pouvait trouver. Dieu sait pourtant que la graine n'en est pas rare en France ! Mais ils ont honte d'eux-mêmes : ils se cachent, ou se teignent en l'une des couleurs politiques à la mode, voire en plusieurs. D'ailleurs, il subissait l'ascendant de ses amis.

Suivant l'habitude, il s'était attaché surtout à celui qui était le plus différent de lui. Ce Français, bourgeois français et provincial dans l'âme, s'était fait le fidèle Achate d'un jeune docteur juif, Manousse Heimann, un Russe réfugié, qui, à la façon de beaucoup de ses compatriotes, avait le double don de s'installer tout de suite chez les autres comme chez lui, et de se trouver si à l'aise dans toute révolution qu'on pouvait se demander ce qui l'intéressait davantage en elle : si c'était le jeu, ou la cause. Ses épreuves et celles des autres lui étaient un divertissement. Sincèrement révolutionnaire, ses habitudes d'esprit scientifique lui faisaient regarder les révolutionnaires et lui-même, comme des sortes d'aliénés. Il observait cette aliénation chez les autres et chez lui, tout en la cultivant. Son dilettantisme exalté et son extrême inconstance d'esprit lui faisaient rechercher les milieux les plus opposés. Il avait des accointances parmi les hommes au pouvoir, et jusque dans le monde de la police ; il furetait partout, avec cette curiosité maladive et dangereuse qui donne à tant de révolutionnaires russes l'apparence de jouer un double jeu, et qui parfois de cette apparence fait une réalité. Ce n'est pas trahison, c'est versatilité, au reste désintéressée. Combien d'hommes d'action, pour qui l'action est un théâtre, où ils apportent les aptitudes de bons comédiens, honnêtes, mais toujours prêts à changer de rôles ! À celui de révolutionnaire Manousse était fidèle, autant qu'il pouvait l'être : c'était le personnage qui s'accordait le mieux avec son anarchie naturelle et avec le plaisir qu'il avait à démolir les lois des pays où il passait. Malgré tout, ce n'était qu'un rôle. On ne savait jamais la part d'invention et de réalité qu'il y avait dans ses propos ; et lui-même finissait par ne plus le savoir très bien.

Intelligent et moqueur, doué de la finesse psychologique de sa double race, sachant lire à merveille dans les faiblesses des autres, comme dans les siennes, et habile à en jouer, il n'avait pas eu de peine à dominer Canet. Il trouvait plaisant d'entraîner ce Sancho Pança dans des équipées à la Don Quichotte. Il disposait de lui sans façons, de sa volonté, de son temps, de son argent, — non pour lui, (il n'avait pas de besoins, on ne savait de quoi, ni comment il vivait), — mais pour les manifestations les plus compromettantes de la cause. Canet se laissait faire ; il tâchait de se persuader qu'il pensait comme Manousse. Il savait très bien le contraire : ces idées l'effaraient ; elles choquaient son bon sens. Et il n'aimait pas le peuple. De plus, il n'était pas brave. Ce gros garçon, grand, large et corpulent, à la figure poupine, complètement rasée, le souffle court, la parole affable, pompeuse et enfantine, qui avait des pectoraux d'Hercule Farnèse, et qui était d'une jolie force à la boxe et au bâton, était le plus timide des hommes. S'il s'enorgueillissait de passer parmi les siens pour un esprit subversif, il tremblait en secret devant la hardiesse de ses amis. Sans doute, ce petit frisson n'était pas trop désagréable, aussi longtemps qu'il ne s'agissait que d'un jeu. Mais le jeu devenait dangereux. Ces animaux-là se faisaient agressifs, leurs prétentions croissaient ; elles inquiétaient Canet dans son égoïsme foncier, son sentiment enraciné de la propriété, sa pusillanimité bourgeoise. Il n'osait pas demander : « Où me menez-vous ? » Mais il pestait tout bas contre le sans-gêne des gens qui n'aiment rien tant qu'à se casser le cou, sans s'inquiéter de savoir s'ils ne risquent pas de casser en même temps le cou des autres. — Qui l'obligeait à les suivre ? N'était-il pas libre de leur fausser compagnie ? Le courage lui manquait. Il avait peur de rester seul, tel un enfant qu'on laisse en arrière sur la route et qui pleure. Il était comme tant d'hommes : ils n'ont aucune opinion, sinon qu'ils désapprouvent toutes les opinions exaltées ; mais pour être indépendant, il faudrait rester seul, et combien en sont capables ! Combien, même des plus clairvoyants, auront la témérité de s'arracher à l'esclavage de certains préjugés, de certains postulats qui pèsent sur tous les hommes d'une même génération ? Ce serait mettre une muraille entre soi et les autres. D'un côté, la liberté dans le désert ; de l'autre côté, les hommes. Ils n'hésitent point : ils préfèrent les hommes, le troupeau. Il sent mauvais, mais il tient chaud. Alors, ils font semblant de penser ce qu'ils ne pensent pas. Ce ne leur est pas très difficile : ils savent si peu ce qu'ils pensent !… « *Connais-toi toi-même !* »… Comment le pourraient-ils, ceux qui ont à peine un moi ! Dans toute croyance collective, religieuse ou sociale, ils sont rares ceux qui croient, parce qu'ils sont rares ceux qui sont des hommes. La foi est une force héroïque ; son feu n'a jamais brûlé que quelques torches humaines ; elles-mêmes vacillent souvent. Les apôtres, les prophètes et Jésus ont douté. Les autres ne sont que des reflets, — sauf à certaines heures de sécheresse des âmes, où quelques étincelles tombées d'une grande torche embrasent toute la plaine ; puis, l'incendie s'éteint, et l'on ne voit plus luire que des charbons sous la cendre. À peine quelques centaines de chrétiens croient réellement au

Christ. Les autres croient qu'ils croient, ou bien ils veulent croire.

Il en était ainsi de beaucoup de ces révolutionnaires. Le bon Canet voulait croire qu'il l'était : il le croyait donc. Et il était épouvanté de sa propre hardiesse.

Tous ces bourgeois se réclamaient de principes divers : les uns de leur cœur, les autres de leur raison, les autres de leur intérêt ; ceux-ci rattachaient leur façon de penser à l'Évangile, ceux-là à M. Bergson, ceux-là à Karl Marx, à Proudhon, à Joseph de Maistre, à Nietzsche, ou à M. Sorel. Il y avait les révolutionnaires par mode, par snobisme, il y avait ceux par sauvagerie ; il y avait ceux par haine, il y avait ceux par amour ; il y avait ceux par besoin d'action, par chaleur d'héroïsme ; il y avait ceux par servilité, par esprit moutonnier. Mais tous, sans le savoir, étaient emportés par le vent. C'étaient les tourbillons de poussière qu'on voit fumer au loin, sur les grandes routes blanches, et qui annoncent que la bourrasque vient.

Olivier et Christophe regardaient venir le vent. Tous deux avaient de bons yeux. Mais ils ne voyaient pas, de la même façon. Olivier, dont le regard lucide pénétrait malgré lui l'arrière-pensée des gens, était attristé par leur médiocrité ; mais il apercevait la force cachée qui les soulevait ; l'aspect tragique des choses le frappait davantage. Christophe était plus sensible à leur aspect comique. Les hommes l'intéressaient, nullement les idées. Il affectait envers elles une indifférence méprisante. Il se moquait des utopies sociales. Par esprit de contradiction et par réaction instinctive contre l'humanitarisme morbide qui était à l'ordre du jour, il se montrait plus égoïste qu'il n'était ; l'homme qui s'était fait lui-même, le robuste parvenu, fier de ses muscles et de sa volonté, avait un peu trop une tendance à traiter de fainéants ceux qui ne possédaient point sa force. Pauvre et seul, il avait pu vaincre : que les autres fissent de même ! Que parlait-on de question sociale ! Quelle question ? La misère ?

— Je connais cela, disait-il. Mon père, ma mère, et moi, nous avons passé par là. Il n'y a qu'à en sortir.

— Tous ne le peuvent point, disait Olivier. Les malades. Les malchanceux.

— Qu'on les aide, c'est tout simple. Mais de là à les exalter, comme on fait aujourd'hui, il y a loin. Naguère, on alléguait le droit odieux du plus fort. Ma parole, je ne sais pas si le droit du plus faible n'est pas plus odieux encore : il énerve la pensée d'aujourd'hui, il tyrannise et exploite les forts. On dirait que ce soit devenu un mérite d'être maladif, pauvre, inintelligent, vaincu, — un vice d'être fort, bien portant, heureux dans la bataille, aristocrate d'esprit et de sang. Et le plus ridicule, c'est que les forts sont les premiers à le croire… Un beau sujet de comédie, mon ami Olivier !

— J'aime mieux faire rire de moi que faire pleurer les autres.

— Bon garçon ! disait Christophe. Parbleu ! Qui dit le contraire ? Quand je vois un bossu, j'en ai mal dans mon dos… La comédie, c'est nous qui la jouons, ce n'est pas nous qui l'écrirons.

Il ne se laissait pas prendre aux rêves de justice sociale. Son gros bon sens populaire lui faisait croire que ce qui avait été, serait.

— Si on te disait cela, en art, comme tu te récrierais ! observait Olivier.

— Peut-être bien. En tout cas, je ne m'y connais qu'en art. Et toi aussi. Je n'ai pas confiance dans les gens qui parlent de ce qu'ils ne connaissent pas.

Olivier n'avait pas plus confiance. Les deux amis poussaient même un peu loin leur méfiance : ils s'étaient toujours tenus en dehors de la politique. Olivier avouait, non sans un peu de honte, qu'il ne se souvenait pas d'avoir usé de ses droits d'électeur ; depuis dix ans, il n'avait même pas retiré sa carte d'inscription à la mairie.

— Pourquoi m'associer, disait-il, à une comédie que je sais inutile ? Voter ? Pour qui voter ? Je n'ai nulle préférence entre des candidats qui me sont également inconnus, et qui, j'ai trop de raisons de l'attendre, dès le lendemain de l'élection, trahiront également leur profession de foi. Les surveiller ? Les rappeler au devoir ? Ma vie s'y passerait, sans fruit. Je n'ai ni le temps, ni la force, ni les moyens oratoires, ni le manque de scrupules et le cœur cuirassé contre les dégoûts de l'action. Il vaut mieux m'abstenir. Je consens à subir le mal. Du moins, n'y pas souscrire.

Mais malgré sa clairvoyance excessive, cet homme qui répugnait à l'action politique régulière conservait un espoir chimérique dans une révolution. Il le savait chimérique ; mais il ne l'écartait point. C'était une sorte de mysticisme de race. On n'appartient pas impunément au plus grand peuple destructeur et constructeur d'Occident, au peuple qui détruit pour construire et construit pour détruire, — celui qui joue avec les idées et avec la vie, et constamment fait table rase pour mieux recommencer le jeu, et pour enjeu verse son sang.

Christophe ne portait pas en lui ce Messianisme héréditaire. Il était trop germanique pour bien goûter l'idée d'une révolution. Il pensait qu'on ne change pas le monde. Que de théories, que de mots, quel fracas inutile !

— Je n'ai pas besoin, disait-il, de faire une révolution — ou des palabres sur la révolution — pour me prouver ma force. Surtout, je n'ai pas besoin, comme ces braves jeunes gens, de bouleverser l'État pour rétablir un roi ou un Comité de Salut public, qui me défende. Singulière preuve de force ! Je sais me défendre moi-même. Je ne suis pas un anarchiste ; j'aime l'ordre nécessaire, et je vénère les Lois qui gouvernent l'univers. Mais entre elles et moi, je me passe d'intermédiaire. Ma volonté sait commander, et elle sait aussi se soumettre. Vous qui avez la bouche pleine de vos classiques, souvenez-vous de votre Corneille : « *Moi seul, et c'est assez.* » Votre désir d'un maître déguise votre faiblesse. La force est comme la lumière : aveugle qui la nie. Soyez forts, tranquillement, sans théories, sans violences : comme les plantes vers le jour, toutes les âmes des faibles se tourneront vers vous.

Mais tout en protestant qu'il n'avait pas de temps à perdre aux discussions politiques, il en était moins détaché qu'il ne voulait le paraître. Il souffrait, comme artiste, du malaise social. Dans sa disette momentanée de fortes passions, il lui arrivait de regarder autour de lui et de se demander pour qui il écrivait. Alors il voyait la triste clientèle de l'art contemporain, cette élite fatiguée, ces bourgeois dilettantes ; et il pensait :

— Quel intérêt y a-t-il à travailler pour ces gens-là ?

Certes, il ne manquait point, parmi eux d'esprits distingués, instruits, sensibles au métier, et qui n'étaient même pas incapables de goûter la nouveauté ou — (c'est tout comme) — l'archaïsme de sentiments raffinés. Mais ils étaient blasés, trop intellectuels, trop peu vivants pour croire à la réalité de l'art ; ils ne s'intéressaient qu'au jeu, — jeu des sonorités ou jeu des idées ; la plupart étaient distraits par d'autres intérêts mondains, habitués à se disperser entre des occupations multiples, dont aucune n'était « nécessaire ». Il leur était à peu près impossible de pénétrer sous l'écorce de l'art, de sentir son cœur caché ;

l'art n'était pas pour eux de la chair et du sang : c'était de la littérature. Leurs critiques érigeaient en théorie, d'ailleurs intolérante, leur impuissance à sortir du dilettantisme. Quand par hasard quelques-uns étaient assez vibrants pour résonner à la voix de l'art, ils n'avaient pas la force de le supporter, ils en restaient détraqués et névrosés pour la vie. Des malades ou des morts. Qu'est-ce que l'art venait faire dans cet hôpital ? — Et cependant, il ne pouvait, dans la société moderne, se passer de ces estropiés ; car ils avaient l'argent et la presse ; eux seuls pouvaient assurer à l'artiste les moyens de vivre. Il fallait donc se prêter à cette humiliation : un art intime et douloureux, une musique où l'on a mis le secret de sa vie intérieure, offerts comme divertissement — comme désennui plutôt, ou comme ennui nouveau — dans des représentations ou des soirées mondaines, à un public de snobs et d'intellectuels fatigués.

Christophe cherchait le vrai public, celui qui croit aux émotions de l'art comme à celles de la vie, et qui les sent avec une âme vierge. Et il était obscurément attiré par le monde nouveau promis, — le peuple. Les souvenirs de son enfance, de Gottfried et des humbles, qui lui avaient révélé la vie profonde de l'art, ou qui avaient partagé avec lui le pain sacré de la musique, l'inclinaient à croire que ses véritables amis étaient de ce côté. Comme beaucoup d'autres jeunes hommes généreux et naïfs, il caressait de grands projets d'art populaire, de concerts et de théâtre du peuple, qu'il eût été bien embarrassé pour définir. Il attendait d'une révolution la possibilité d'un renouvellement artistique, et il prétendait que c'était pour lui le seul intérêt du mouvement social. Mais il se donnait le change : il était trop vivant pour ne pas être attiré, aspiré par le spectacle de l'action la plus vivante qui fût alors.

Ce qui l'intéressait le moins dans le spectacle, c'étaient les théoriciens bourgeois. Les fruits que portent ces arbres-là sont trop souvent des fruits secs ; tout le suc de la vie s'est figé en idées. Entre ces idées, Christophe ne distinguait pas. Il n'avait pas de préférence même pour les siennes, quand il les retrouvait, congelées en systèmes. Avec un mépris bonhomme, il restait en dehors des théoriciens de la force, comme de ceux de la faiblesse. Dans toute comédie, le rôle ingrat est celui du raisonneur. Le public lui préfère non seulement les personnages sympathiques, mais les antipathiques. Christophe était public en cela. Les raisonneurs de la question sociale lui semblaient fastidieux. Mais il s'amusait à observer les autres, les naïfs, les convaincus, ceux qui croyaient et ceux qui voulaient croire, ceux qui étaient dupes et ceux qui cherchaient à l'être, voire les bons forbans qui font leur métier de rapaces, et les moutons qui sont faits pour être tondus. Sa sympathie était indulgente aux braves gens un peu ridicules, comme le gros Canet. Leur médiocrité ne le choquait pas autant qu'Olivier. Il les regardait tous, avec un intérêt affectueux et moqueur ; il se croyait dégagé de la pièce qu'ils jouaient ; et il ne s'apercevait pas que peu à peu il s'y laissait prendre. Il pensait n'être qu'un spectateur, qui voit passer le vent. Déjà le vent l'avait touché et l'entraînait dans son remous de poussière.

La pièce sociale était double. Celle que jouaient les intellectuels était la comédie dans la comédie : le peuple ne l'écoutait guère. La vraie pièce était la sienne. Il n'était pas facile de la suivre ; lui-même n'arrivait pas très bien à s'y reconnaître. Elle n'en avait que plus d'imprévu.

Ce n'était pas qu'on n'y parlât beaucoup plus qu'on n'agissait. Bourgeois ou peuple, tout Français est grand mangeur de parole, autant que de pain. Mais tous ne mangent pas le même pain. Il y a une parole de luxe pour les palais délicats, et une plus nourrissante pour les gueules affamées. Si les mots sont les mêmes, ils ne sont pas pétris de la même façon ; la saveur et l'odeur, le sens, est différent.

La première fois qu'Olivier, assistant à une réunion populaire, goûta de ce pain-là, il manqua d'appétit ; les morceaux lui restèrent dans la gorge. Il était écœuré par la platitude des pensées, la lourdeur incolore et barbare de l'expression, les généralités vagues, la logique enfantine, cette mayonnaise mal battue d'abstractions et de faits sans liaison. L'impropriété et l'incorrection du langage n'étaient pas compensées par la verve et la verdeur du parler populaire. C'était un vocabulaire de journal, des nippes défraîchies, ramassées au décrochez-moi-ça de la rhétorique bourgeoise. Olivier s'étonnait surtout du manque de simplicité. Il oubliait que la simplicité littéraire n'est pas chose naturelle, mais acquise : c'est la conquête d'une élite. Le peuple des villes ne peut pas être simple ; il va toujours chercher, de préférence, les expressions alambiquées. Olivier ne comprenait pas l'action que ces phrases ampoulées pouvaient avoir sur l'auditoire. Il n'en possédait pas la clef. On nomme langues étrangères celles d'une autre race, et l'on ne se doute pas que, dans une même race, il y a presque autant de langues que de milieux sociaux. Ce n'est que pour une élite restreinte que les mots ont leur sens traditionnel et séculaire ; pour les autres, ils ne représentent rien de plus que leurs propres expériences et celles de leur groupe. Tels de ces mots usés pour l'élite et méprisés par elle sont comme une maison vide, où, depuis son départ, se sont installées des énergies nouvelles et des passions qui frémissent. Si vous voulez connaître l'hôte, entrez dans la maison.

C'était ce que faisait Christophe.

Il avait été mis en rapports avec ces ouvriers par un voisin, employé aux chemins de fer de l'État. Un homme de quarante-cinq ans, petit, vieilli avant l'âge, le crâne tristement déplumé, les yeux enfoncés dans l'orbite, les joues creuses, le nez proéminent, gros et recourbé, la bouche intelligente, les oreilles déformées aux lobes cassés : des traits de dégénéré. Il se nommait Alcide Gautier. Il n'était pas du peuple, mais de la moyenne bourgeoisie. D'une bonne famille qui avait dépensé à l'éducation du fils unique tout son petit avoir et qui même n'avait pu, faute de ressources, lui permettre de la poursuivre jusqu'au bout. Il avait obtenu, très jeune, dans une administration de l'État, un de ces postes qui semblent à la bourgeoisie pauvre le port, et qui sont la mort, — la mort vivante. Une fois entré là, il n'avait plus eu la possibilité d'en sortir. Il avait commis la faute — (c'en est une dans la société moderne) — de faire un mariage d'amour avec une jolie ouvrière, dont la vulgarité foncière n'avait pas tardé à s'épanouir. Elle lui avait donné trois enfants. Il fallait faire vivre ce monde. Cet homme, qui était intelligent et qui aspirait, de toutes ses forces, à compléter son instruction, se trouvait ligoté par la misère. Il sentait en lui des puissances latentes, que les difficultés de sa vie étouffaient ; il ne pouvait en prendre son parti. Il n'était jamais seul. Employé à la comptabilité, il passait ses journées à des besognes mécaniques, dans une pièce qui lui était commune avec d'autres collègues, vulgaires et bavards ; ils parlaient de choses ineptes, se vengeaient de l'absurdité de leur existence en médisant des chefs, et se moquaient de lui, à cause de ses visées intellectuelles, qu'il n'avait pas eu la sagesse de leur cacher. Quand il rentrait chez lui, il trouvait un logis sans grâce et mal odorant, une femme bruyante et commune, qui ne le comprenait pas et qui le traitait de feignant ou de fou. Ses enfants ne lui ressemblaient en rien, ressemblaient à la mère. Était-ce juste, tout cela ? Était-ce juste ? Tant de mécomptes, de souffrances, la gêne perpétuelle, le métier qui le tenait, du matin au soir, l'impossibilité de trouver jamais une heure de recueillement, une heure de silence, l'avaient jeté dans un état d'épuisement et d'irritation neurasthénique. Pour oublier, il avait recours, depuis peu, comme bien d'autres, à la boisson qui achevait de le détruire. — Christophe, qui avait lié connaissance avec lui, fut frappé du tragique de cette destinée : une nature incomplète, sans culture suffisante et sans goût artistique, mais faite pour de grandes choses, et que la malchance écrasait. Gautier s'était aussitôt accroché à Christophe, ainsi que font les faibles qui se noient, lorsque leur main rencontre le bras d'un bon nageur. Il avait pour Christophe un mélange de sympathie et d'envie. Il l'entraîna dans des réunions populaires et lui fit voir quelques chefs du parti syndicaliste, auquel il ne s'unissait que par rancune contre la société. Car il était un aristocrate manqué. Il souffrait amèrement d'être mêlé au peuple.

Christophe, beaucoup plus peuple que lui, — d'autant plus qu'il n'était pas forcé de l'être, — prit plaisir à ces meetings. Les discours l'amusaient. Il ne partageait pas les répugnances d'Olivier ; il était peu sensible aux ridicules du langage. Pour lui, un bavard en valait un autre. Il affectait un mépris général de l'éloquence. Mais sans se donner la peine de bien comprendre cette rhétorique, il en ressentait la musique au travers de celui qui parlait et de ceux qui écoutaient. Le pouvoir de celui-là se centuplait de ses résonances dans ceux-ci. D'abord Christophe ne prit garde qu'au premier ; et il eut la curiosité de connaître quelques-uns des parleurs.

Celui qui avait le plus d'action sur la foule était Casimir Joussier, — un petit homme brun et blême, de trente à trente-cinq ans, figure de Mongol, maigre, souffreteux, les yeux ardents et froids, les cheveux rares, la barbe en pointe. Son pouvoir tenait moins à sa mimique, qui était pauvre, saccadée, rarement d'accord avec la parole, — il tenait moins à sa parole, qui était rauque et sifflante, avec des aspirations emphatiques, — qu'à sa personne même, à la violence de certitude et de volonté qui en émanait. Il ne semblait pas permettre qu'on pût penser autrement que lui ; et comme ce qu'il pensait était ce que son public désirait penser, ils n'avaient pas de difficulté à s'entendre. Il leur répétait trois fois, quatre fois, dix fois, les choses qu'ils attendaient ; il ne se lassait pas de frapper sur le même clou, avec une ténacité enragée ; et tout son public frappait, frappait, entraîné par l'exemple, frappait jusqu'à ce que le clou s'incrustât dans la chair. — À cette emprise personnelle s'ajoutait la confiance qu'inspirait son passé, le prestige de multiples condamnations, largement méritées par des articles violents. Il respirait une énergie indomptable ; mais qui savait regarder démêlait, au fond, une grande fatigue accumulée, le dégoût de tant d'efforts, et une colère contre sa destinée. Il était de ces hommes qui dépensent, chaque jour, plus que leur revenu de vie. Depuis l'enfance, il s'usait au travail et à la misère. Il avait fait tous les métiers : ouvrier verrier, plombier, typographe ; sa santé était ruinée ; la phtisie le minait ; elle le faisait tomber dans des accès de découragement amer, de désespoir muet, pour sa cause et pour lui ; d'autres fois, elle l'exaltait. Il était un composé de violence calculée et de violence maladive, de politique et d'emportement. Il s'était instruit, tant bien que mal ; il savait très bien certaines choses, de science, de sociologie, de ses divers métiers ; il savait très mal beaucoup d'autres ; et il était aussi sûr des unes que des autres ; il avait des utopies, des idées justes, des ignorances, un esprit pratique, des préjugés, de l'expérience, une haine soupçonneuse pour la société bourgeoise. Cela ne l'empêcha point d'accueillir bien Christophe. Son orgueil était flatté de se voir recherché par un artiste connu. Il était de la race des chefs, et, quoi qu'il fît, cassant pour les simples ouvriers. Bien qu'il voulût, de bonne foi, l'égalité parfaite, il la réalisait plus facilement avec ceux qui étaient au-dessus de lui qu'avec ceux qui étaient au-dessous.

Christophe rencontra d'autres chefs du mouvement ouvrier. Il n'y avait pas grande sympathie entre eux. Si la lutte commune faisait — difficilement — l'unité d'action, elle était loin de faire l'unité de cœur. On voyait à quelle réalité tout extérieure et passagère correspondait la distinction de classes. Les vieux antagonismes étaient seulement ajournés et masqués ; mais ils subsistaient tous. On retrouvait là les hommes du Nord et ceux du Midi, avec leur dédain foncier les uns pour les autres. Les métiers jalousaient mutuellement leurs salaires, et se regardaient entre eux, avec le sentiment non déguisé, chacun, qu'il était supérieur aux autres. Mais la grande différence était — sera toujours — celle des tempéraments. Les renards et les loups et le bétail cornu, les bêtes aux dents aiguës et celles aux quatre estomacs, celles qui sont faites pour manger et celles qui sont faites pour être mangées, se flairaient en passant dans le troupeau que le hasard de classe et l'intérêt commun avaient groupé ; et ils se reconnaissaient ; et leur poil se hérissait.

Christophe prit quelquefois ses repas dans un petit restaurant-crèmerie, tenu par un ancien collègue de Gautier, Simon, employé des chemins de fer, révoqué pour faits de grève. La maison était fréquentée par les syndicalistes. Ils étaient cinq ou six, dans une salle du fond, qui donnait sur une cour intérieure, étroite et mal éclairée, d'où montait éperdument le chant intarissable de deux canaris en cage vers la lumière. Joussier venait avec sa maîtresse, la belle Berthe, une fille robuste et coquette, teint pâle, casque pourpre, les yeux égarés et rieurs. Elle traînait à ses jupes un joli garçon, bellâtre, intelligent et poseur, Léopold Graillot, ouvrier mécanicien : il était l'esthète de la bande. Tout en se disant anarchiste, et l'un des plus violents contre la bourgeoisie, il avait l'âme du pire bourgeois. Chaque matin, depuis des années, il absorbait les nouvelles érotiques et décadentes des journaux littéraires à un sou. Ces lectures lui avaient façonné une étrange caboche. Un raffinement cérébral dans ses imaginations du plaisir s'amalgamait chez lui à un manque absolu de délicatesse physique, à son indifférence à la propreté, à la grossièreté relative de sa vie. Il avait pris goût à ce petit verre d'alcool frelaté — alcool intellectuel du luxe, malsaines excitations des riches malsains. Ne pouvant avoir leurs jouissances dans la peau, il se les inoculait dans le cerveau. Ça fait la bouche mauvaise, ça vous casse les jambes. Mais on est l'égal des riches. Et on les hait.

Christophe ne pouvait le souffrir. Il avait plus de sympathie pour Sébastien Coquard, un électricien qui était, avec Joussier, l'orateur le plus écouté. Celui-là ne s'encombrait pas de théories. Il ne savait pas toujours où il allait. Mais il y allait tout droit. Il était bien Français. Un solide gaillard, d'une quarantaine d'années, grosse figure colorée, la tête ronde, le poil roux, une barbe de fleuve, le cou et la voix de taureau. Excellent ouvrier, comme Joussier, mais aimant rire et boire. Le malingre Joussier regardait cette santé indiscrète, avec des yeux d'envie ; et bien qu'ils fussent amis, une hostilité intime couvait entre eux.

La patronne de la crèmerie, Aurélie, bonne femme de quarante-cinq ans, qui avait dû être belle, qui l'était encore, malgré l'usure, s'asseyait auprès d'eux, un ouvrage à la main, les écoutait causer, avec un sourire cordial, remuant les lèvres, tandis qu'ils parlaient ; elle glissait à l'occasion son mot dans l'entretien, et scandait la mesure de ses paroles avec sa tête, en travaillant. Elle avait une fille mariée, et deux enfants de sept à dix ans — fillette et garçon — qui faisaient leurs devoirs d'école sur le coin d'une table poissée, en tirant la langue et attrapant au passage des bribes de conversations qui n'étaient pas faites pour eux.

Olivier essaya d'accompagner, deux ou trois fois, Christophe. Mais il ne se sentait pas à l'aise parmi ces gens. Quand ces ouvriers n'étaient pas tenus par une heure stricte d'atelier, par un appel d'usine au sifflet tenace, on ne pouvait s'imaginer combien ils avaient de temps à perdre, soit après le travail, soit entre deux travaux, soit flânerie, soit chômage. Christophe, qui se trouvait dans une de ces périodes de liberté désœuvrée, où l'esprit a terminé une œuvre et attend que s'en forme une nouvelle, n'était pas plus pressé qu'eux ; il restait volontiers, les coudes sur la table, à fumer, boire et causer. Mais Olivier était choqué dans ses instincts bourgeois, dans ses habitudes traditionnelles de discipline d'esprit, de régularité de travail, de temps scrupuleusement économisé ; et il n'aimait pas à perdre ainsi tant d'heures. Au reste, il ne savait ni causer, ni boire. Enfin, la gêne physique, l'antipathie secrète qui sépare les corps des races d'hommes différentes, l'hostilité de leurs sens qui s'oppose à la communion des âmes, la chair qui se révolte contre le cœur. Quand Olivier était seul avec Christophe, il lui parlait, tout ému, du devoir de fraterniser avec le peuple ; mais quand il se trouvait en présence du peuple, il était incapable d'en rien faire, malgré sa bonne volonté. Au lieu que Christophe, qui se moquait de ses idées, était, sans effort, le frère du premier ouvrier rencontré dans la rue. Olivier avait un vrai chagrin de se sentir éloigné de ces hommes. Il tâchait d'être comme eux, de penser comme eux, de parler comme eux. Il ne le pouvait pas. Sa voix était sourde, voilée, ne sonnait pas comme la leur. Lorsqu'il essayait de prendre certaines de leurs expressions, les mots lui restaient dans la gorge ou détonnaient étrangement. Il s'observait, il se gênait, il les gênait. Et il le savait bien. Il savait qu'il était pour eux un étranger et un suspect, qu'aucun n'avait de sympathie pour lui, et que lorsqu'il s'en allait, tout le monde faisait : « Ouf ! » Il surprenait, au passage, des regards durs et glacés, de ces regards ennemis que jettent sur le bourgeois les ouvriers aigris par la misère. Christophe en avait peut-être sa part ; mais il n'en voyait rien.

De toute la compagnie, les seuls qui fussent disposés à se lier avec Olivier étaient les enfants d'Aurélie. Ceux-là avaient bien plutôt l'attraction que la haine du bourgeois. Le petit garçon était fasciné par la pensée bourgeoise ; il était assez intelligent pour l'aimer, pas assez pour la comprendre ; la fillette, fort jolie, qu'Olivier avait conduite une fois chez Mme Arnaud, était hypnotisée par le luxe ; elle éprouvait un ravissement muet à s'asseoir dans de beaux fauteuils, à toucher de belles robes, à être avec de belles madames ; elle avait un instinct de petite grue, qui aspire à s'évader du peuple vers le paradis de la richesse et du confort bourgeois. Olivier ne se sentait nullement le goût de cultiver de telles dispositions ; et ce naïf hommage rendu à sa classe ne le consolait pas de la sourde antipathie de ses autres compagnons. Il souffrait de leur malveillance. Il avait un désir si ardent de les comprendre ! Et en vérité, il les comprenait, trop bien peut-être, il les observait trop, et ils en étaient irrités. Il n'y apportait pas de curiosité indiscrète, mais son habitude d'analyse des âmes et son besoin d'aimer.

Il ne tarda pas à voir le drame secret de la vie de Joussier : le mal qui le minait, et le jeu cruel de sa maîtresse. Elle l'aimait, elle était fière de lui ; mais elle était trop vivante ; il savait qu'elle lui échappait, qu'elle lui échapperait ; et il était brûlé de jalousie. Elle s'en faisait un amusement ; elle agaçait les hommes, elle les enveloppait de ses œillades, de son atmosphère luxurieuse : c'était une enragée frôleuse. Peut-être le trompait-elle avec Graillot. Peut-être se plaisait-elle à le laisser croire. En tout cas, si ce n'était pour aujourd'hui, ce serait pour demain. Joussier n'osait lui interdire d'aimer qui lui plaisait : ne professait-il pas, pour la femme, comme pour l'homme, le droit d'être libre ? Elle le lui rappela, avec une insolence narquoise, un jour qu'il l'injuriait. Une lutte torturante se livrait en lui entre ses libres théories et ses instincts violents. Par le cœur, il était encore un homme d'autrefois, despotique et jaloux ; par la raison, un homme de l'avenir, un homme d'utopie. Elle, elle était la femme d'hier et de demain, de toujours. — Et Olivier, qui assistait à ce duel caché, dont il connaissait la férocité par sa propre expérience, était plein de pitié pour Joussier, en voyant sa faiblesse. Mais Joussier devinait qu'Olivier lisait en lui ; et il était loin de lui en savoir gré.

Une autre suivait aussi ce jeu de l'amour et de la haine, d'un regard indulgent. C'était la patronne, Aurélie. Elle voyait tout, sans en avoir l'air. Elle connaissait la vie. Cette brave femme, saine, tranquille, rangée, avait mené une jeunesse assez libre. Elle avait été fleuriste ; elle avait eu un amant bourgeois ; elle en avait eu d'autres. Puis elle s'était mariée avec un ouvrier. Elle était devenue une bonne mère de famille. Mais elle comprenait tout, toutes les sottises du cœur, aussi bien la jalousie de Joussier que cette « jeunesse » qui voulait s'amuser. En quelques mots affectueux, elle tâchait de les mettre d'accord.

— « Il fallait être conciliants ; il ne valait pas la peine de se faire du mauvais sang pour si peu... »

Elle ne s'étonnait pas que tout ce qu'elle disait ne servît à rien...

— « C'était ainsi. Il faut toujours qu'on se tourmente... »

Elle avait la belle insouciance populaire, sur qui les malheurs semblent glisser. Elle en avait eu sa part. Trois mois avant, elle avait perdu un garçon de quinze ans, qu'elle aimait bien ; c'avait été un gros chagrin ; mais à présent, elle était de nouveau active et riante. Elle disait :

— « Si on se laissait aller à y penser, on ne pourrait pas vivre. »

Et elle n'y pensait plus. Ce n'était pas égoïsme. Elle ne pouvait pas faire autrement ; sa vitalité était trop forte ; le présent l'absorbait : impossible de s'attarder au passé. Elle s'accommodait de ce qui était, elle s'accommoderait de ce qui serait. Si la révolution venait et mettait à l'endroit ce qui était à l'envers et à l'envers ce qui était à l'endroit, elle saurait toujours se trouver sur ses pieds, elle ferait ce qu'il y aurait à faire, elle serait à sa place partout où elle serait placée. Au fond, elle n'avait dans la révolution qu'une croyance modérée. De foi, elle n'avait guère en quoi que ce fût. Inutile d'ajouter qu'elle se faisait tirer les cartes, dans ses moments de perplexité, et qu'elle ne manquait jamais de faire le signe de croix, au passage d'un mort. Très libre et tolérante, elle avait le scepticisme du peuple de Paris, ce scepticisme sain, qui doute, comme on respire, allègrement. Pour être la femme d'un révolutionnaire, elle n'en témoignait pas moins d'une maternelle ironie pour les idées de son homme et de son parti, — et des autres partis, — comme pour les bêtises de la jeunesse, — et de l'âge mûr. Elle ne s'émouvait pas de grand chose. Mais elle avait de l'intérêt pour tout. Et elle était prête à la bonne comme à la mauvaise fortune. En somme, elle était optimiste.

— « Il ne faut pas se faire de bile… Tout s'arrangera toujours, pourvu qu'on se porte bien… »

Celle-là devait s'entendre avec Christophe, ils n'avaient pas eu besoin de beaucoup de paroles pour voir qu'ils étaient de la même famille. De temps en temps, ils échangeaient un sourire de bonne humeur, tandis que les autres discouraient et criaient. Mais plus souvent, elle riait toute seule, en regardant Christophe qui se laissait à son tour entraîner dans ces discussions, où il apportait aussitôt plus de passion que tous les autres.

Christophe ne remarquait pas l'isolement et la gêne d'Olivier. Il ne cherchait pas à lire ce qui se passait au fond des gens. Mais il buvait et mangeait avec eux, il riait et il se fâchait. Ils ne se défiaient pas de lui, quoiqu'ils disputassent rudement ensemble. Il ne leur mâchait pas les mots. Dans le fond, il eût été bien embarrassé pour dire s'il était avec eux ou contre eux. Il ne se le demandait pas. Sans doute, si on l'eût forcé de choisir, il eût été syndicaliste contre le socialisme et toutes les doctrines d'État, — cette entité monstrueuse, qui fabrique des fonctionnaires, des hommes-machines. Sa raison approuvait le puissant effort des groupements corporatifs, dont la hache à double tranchant frappe à la fois l'abstraction morte de l'État socialiste et l'individualisme infécond, cet émiettement d'énergies, cette dispersion de la force collective en faiblesses individuelles, — la grande misère moderne, dont la Révolution française est en partie responsable.

Mais la nature est plus forte que la raison. Lorsque Christophe se trouvait en contact avec les syndicats, — ces coalitions redoutables des faibles, — son vigoureux individualisme se cabrait. Il ne pouvait s'empêcher de mépriser ces hommes qui avaient besoin de s'enchaîner ensemble, pour marcher au combat ; et s'il admettait qu'ils se soumissent à cette loi, il déclarait qu'elle n'était pas pour lui. Ajoutez que si les faibles opprimés sont sympathiques, ils cessent tout à fait de l'être quand ils deviennent oppresseurs. Christophe, qui criait naguère aux braves gens isolés : « Unissez-vous ! » eut une sensation désagréable, quand il se vit, pour la première fois, au milieu de ces unions de braves gens, mêlés à d'autres qui étaient moins braves, tous remplis de leurs droits, de leur force, et prêts à en abuser. Les meilleurs, ceux que Christophe aimait, les amis qu'il avait rencontrés *dans la Maison*, à tous les étages, ne profitaient nullement de ces associations de bataille. Ils étaient trop délicats de cœur et trop timides pour n'en pas être effarouchés ; ils étaient destinés à être, des premiers, écrasés par elles. Ils se trouvaient, vis-à-vis du mouvement ouvrier, dans la situation d'Olivier et des plus généreux parmi les jeunes bourgeois. Leur sympathie allait aux travailleurs qui s'organisent. Mais ils avaient été élevés dans le culte de la liberté : or, c'était ce dont les révolutionnaires se souciaient le moins. Qui, d'ailleurs, aujourd'hui se soucie de la liberté ? Une élite sans action sur le monde. La liberté traverse des jours sombres. Les papes de Rome proscrivent la lumière de la raison. Les papes de Paris éteignent les lumières du ciel. Et M. Pataud, celles des rues. Partout l'impérialisme triomphe : impérialisme théocratique de l'Église romaine ; impérialisme militaire des monarchies mercantiles et mystiques ; impérialisme bureaucratique des républiques francs-maçonnes et cupides ; impérialisme dictatorial des comités révolutionnaires. Pauvre liberté, tu n'es pas de ce monde !... Les abus de pouvoir, que les révolutionnaires prêchaient et pratiquaient, révoltaient Christophe et Olivier. Ils avaient peu d'estime pour les ouvriers jaunes qui refusent de souffrir pour la cause commune. Mais ils trouvaient abominable qu'on prétendit les y contraindre par la force. — Cependant, il faut prendre parti. Dans la réalité, le choix n'est pas aujourd'hui entre un impérialisme et la liberté, mais entre un impérialisme et un impérialisme. Olivier disait :

— Ni l'un ni l'autre. Je suis pour les opprimés.

Christophe ne haïssait pas moins la tyrannie des oppresseurs. Mais il était entraîné dans le sillage de la force, à la suite de l'armée des travailleurs révoltés.

Il ne s'en doutait guère. Il déclarait à ses compagnons de table qu'il n'était pas avec eux.

— Tant qu'il ne s'agira pour vous, disait-il, que d'intérêts matériels, vous ne m'intéressez pas. Le jour où vous marcherez pour une foi, alors je serai des vôtres. Autrement, qu'ai-je à faire entre deux ventres ? Je suis artiste, j'ai le devoir de défendre l'art, je ne dois pas l'enrôler au service d'un parti. Je sais que, dans ces derniers temps, des écrivains ambitieux, poussés par un désir de popularité malsaine, ont donné le mauvais exemple. Il ne me semble pas qu'ils aient beaucoup servi la cause qu'ils défendaient ainsi ; mais ils ont trahi l'art. Sauver la lumière de l'intelligence : c'est notre rôle, à nous. Nous ne devons pas la troubler dans vos luttes aveugles. Qui tiendra la lumière, si nous la laissons tomber ? Vous serez bien aises de la retrouver intacte, après la bataille. Il faut qu'il y ait toujours des travailleurs occupés à entretenir le feu de la machine, tandis qu'on se bat sur le pont du navire. Tout comprendre, ne rien haïr. L'artiste est la boussole qui, pendant la tempête, marque toujours le Nord.

Ils le traitaient de phraseur, ils disaient qu'en fait de boussole, il avait perdu la sienne ; et ils se donnaient le luxe de le mépriser amicalement. Pour eux, un artiste était un malin qui s'arrangeait de façon à travailler le moins et le plus agréablement possible.

Il répondait qu'il travaillait autant qu'eux, qu'il travaillait plus qu'eux, et qu'il avait moins peur du travail. Rien ne le dégoûtait autant que le sabotage, le gâchage du travail, la fainéantise érigée en principe.

— Tous ces pauvres gens, disait-il, qui craignent pour leur précieuse peau !… Bon Dieu ! Moi, depuis l'âge de dix ans, je travaille sans répit. Vous, vous n'aimez pas le travail, vous êtes, au fond, des bourgeois. … Si seulement vous étiez capables de détruire le vieux monde ! Mais vous ne le pouvez pas. Vous ne le voulez même pas. Non, vous ne le voulez pas. Vous avez beau hurler, menacer, faire celui qui va tout exterminer. Vous n'avez qu'une pensée : mettre la main dessus, vous coucher dans le lit tout chaud de la bourgeoisie. En dehors de quelques centaines de pauvres bougres de terrassiers qui sont toujours prêts à se faire crever la peau, ou à crever la peau des autres, sans savoir pourquoi, — pour le plaisir, — pour la peine, la peine séculaire dont ils éclatent, tous les autres ne pensent qu'à foutre le camp, à filer dans les rangs des bourgeois, à la première occasion. Ils se font socialistes, journalistes, conférenciers, hommes de lettres, députés, ministres... Bah ! bah ! ne criez pas contre celui-là ! Vous ne valez pas mieux. C'est un traître, dites-vous ?... Bon. À qui le tour ? Vous y passerez tous. Il n'y a pas un de vous qui résiste à l'appât. Comment le pourriez-vous ? Il n'y a pas un de vous qui croie à l'âme immortelle. Vous êtes des ventres, je vous dis. Des ventres vides qui ne pensent qu'à se remplir.

Là-dessus, ils se fâchaient, et ils parlaient tous à la fois. Et tout en se disputant, il arrivait que Christophe, entraîné par sa passion, fût plus révolutionnaire que les autres. Il avait beau s'en défendre : son orgueil intellectuel, sa conception complaisante d'un monde purement esthétique, fait pour la joie de l'esprit, rentraient sous terre, à la vue d'une injustice. Esthétique, un monde où huit hommes sur dix vivent dans le dénuement ou dans la gêne, dans la misère physique ou morale ? Allons donc ! Il faut être un impudent privilégié, pour oser le prétendre. Un artiste comme Christophe, en son for intérieur, ne pouvait pas ne pas être du parti des travailleurs. Qui a, plus que le travailleur de l'esprit, à souffrir de l'immoralité des conditions sociales, de l'inégalité scandaleuse de fortune répartie entre les hommes ? L'artiste meurt de faim, ou devient millionnaire, sans autre raison que les caprices de la mode et de ceux qui spéculent sur elle. Une société qui laisse périr son élite, ou qui la rémunère d'une façon extravagante, est une société monstrueuse ; elle a besoin d'un coup de balai. Chaque homme, qu'il travaille ou non, a droit à un minimum de vie. Chaque travail, qu'il soit bon ou médiocre, doit être rémunéré, non au prix de sa valeur réelle — (Qui en est le juge infaillible ?) — mais des besoins légitimes et normaux du travailleur. À l'artiste, au savant, à l'inventeur qui l'honore, la société peut et doit assurer une pension suffisante pour lui garantir le temps et les moyens de l'honorer davantage. Rien de plus. La *Joconde* ne vaut pas un million. Il n'y a aucun rapport entre une somme d'argent et une œuvre d'art ; l'œuvre n'est pas au-dessus, ni au-dessous : elle est en dehors. Il ne s'agit pas de la payer ; il s'agit que l'artiste vive. Donnez-lui de quoi manger et travailler en paix. Il est absurde et déplaisant de vouloir faire de lui un voleur du bien d'autrui. Il faut le dire crûment : tout homme qui possède plus qu'il n'est nécessaire à sa vie, à la vie des siens, et au développement normal de son intelligence, est un voleur. Ce qu'il a en trop, d'autres l'ont en moins. Combien de fois n'avons-nous pas souri tristement, en entendant parler de la richesse inépuisable de la France, de l'abondance des fortunes, nous, travailleurs, ouvriers, intellectuels, hommes et femmes qui, depuis que nous sommes nés, nous épuisons à la tâche pour gagner de quoi ne pas mourir de faim, souvent pour ne pas le gagner, pour voir les meilleurs de nous succomber à la peine, — nous qui sommes l'élite morale et intellectuelle de la nation ! Vous qui avez plus que votre part des richesses du monde, vous êtes riches de nos souffrances et de notre pauvreté. Cela ne vous trouble point, vous ne manquez pas de sophismes qui vous rassurent : droits sacrés de la propriété, lutte loyale pour la vie, intérêts suprêmes de l'État-Moloch et du Progrès, ce monstre fabuleux, ce mieux problématique auquel on sacrifie le bien, — le bien des autres. — Il n'en reste pas moins ceci, que tous vos sophismes ne réussiront jamais à nier : « Vous avez trop pour vivre. Nous n'avons pas assez. Et nous valons autant que vous. Et tels de nous valent mieux que vous tous réunis. »

Ainsi, la griserie des passions qui l'entouraient se communiquait à Christophe. Ensuite, il s'étonnait de ces accès d'éloquence. Mais il n'y attachait pas d'importance. Il s'amusait de cette excitation légère, qu'il attribuait à la bouteille. Il regrettait seulement que la bouteille ne fût pas meilleure ; et il vantait ses vins du Rhin. Il continuait de se croire détaché des idées révolutionnaires. Mais il se produisait ce phénomène singulier que Christophe apportait à les discuter, voire à les soutenir, une passion croissante, tandis que celle de ses compagnons semblait, par comparaison, décroître.

Par le fait, ils avaient moins d'illusions que lui. Même les meneurs les plus violents, ceux qui étaient le plus redoutés par la bourgeoisie, étaient incertains au fond et diablement bourgeois. Coquard, avec son rire d'étalon qui hennit, faisait la grosse voix et des gestes terribles ; mais il ne croyait qu'à demi à ce dont il parlait : plaisir de parler, de commander, d'agir ; il était un hâbleur de la violence. Il perçait à jour la lâcheté bourgeoise, et il jouait à la terroriser, en se montrant plus fort qu'il n'était ; il ne faisait pas de difficultés pour en convenir avec Christophe, en riant. Graillot critiquait tout, tout ce qu'on voulait faire : il faisait tout avorter. Joussier affirmait toujours, il ne voulait jamais avoir tort. Il voyait très bien le vice de son argumentation, et il ne s'en obstinait que davantage ; il eût sacrifié la victoire de sa cause à l'orgueil de ses principes. Mais il passait d'accès de foi têtue à des accès de pessimisme ironique, où il jugeait amèrement le mensonge des idéologies et l'inutilité de tous les efforts.

La plupart des ouvriers étaient de même. Ils tombaient, en un moment, de la soûlerie des paroles au découragement. Ils avaient des illusions immenses ; mais elles ne reposaient sur rien ; ils ne les avaient pas conquises péniblement et fabriquées d'eux-mêmes ; ils les avaient reçues toutes faites, par cette loi du moindre effort, qui les menait dans leurs distractions à l'assommoir et au beuglant. Paresse de penser incurable, qui n'avait que trop d'excuses : c'est la bête écrasée qui ne demande qu'à se coucher et ruminer en paix sa pâture et ses rêves. Mais ces rêves cuvés, il n'en restait plus rien qu'une lassitude plus grande et la gueule de bois. Sans cesse, ils s'enflammaient pour un chef ; et peu de temps après, le soupçonnaient et le rejetaient. Le plus triste était qu'ils n'avaient point tort : les chefs étaient attirés, l'un après l'autre, par l'appât de la richesse, du succès, de la vanité ; pour un Joussier, que préservait de la tentation la phtisie qui le minait, la mort à brève échéance, combien d'autres trahissaient, ou se lassaient ! Ils étaient victimes de la plaie qui rongeait les hommes politiques de ce temps, et dans tous les partis : la démoralisation par la femme ou par l'argent, par la femme et par l'argent — (les deux fléaux n'en font qu'un). — On voyait, dans le gouvernement comme dans l'opposition, des talents de premier ordre, des hommes qui avaient en eux l'étoffe de grands hommes d'État — (au temps de Richelieu, ils l'eussent été peut-être) ; — mais ils étaient sans foi, sans caractère ; le besoin, l'habitude, la lassitude de la jouissance les avait énervés ; elle leur faisait commettre, au milieu de vastes projets, des actes incohérents, ou brusquement tout jeter là, les affaires en cours, leur patrie ou leur cause, pour se reposer et jouir. Ils étaient assez braves pour se faire tuer dans une bataille ; mais bien peu de ces chefs eussent été capables de mourir à la tâche, à leur poste, immobiles, le poing au gouvernail et les yeux immuablement fixés sur le but invisible.

La conscience de cette faiblesse foncière coupait les jarrets à la révolution. Ces ouvriers passaient une partie de leur temps à s'accuser mutuellement. Leurs grèves échouaient toujours, par suite des dissentiments perpétuels entre les chefs ou entre les corps de métier, entre les réformistes et les révolutionnaires, — de la timidité profonde sous les fanfaronnades menaçantes, — de l'hérédité moutonnière qui, à la première sommation légale, faisait rentrer sous le joug ces révoltés, — du lâche égoïsme et de la bassesse de ceux qui profitaient de la révolte des autres pour se pousser auprès des maîtres, pour faire valoir et payer cher leur fidélité intéressée. Sans parler du désordre inhérent aux foules, de l'anarchie populaire. Ils voulaient bien faire des grèves corporatives qui eussent tous les caractères révolutionnaires ; mais ils ne voulaient pas qu'on les traitât en révolutionnaires. Ils n'avaient aucun goût pour les baïonnettes. Ils s'imaginaient qu'on pouvait faire l'omelette sans casser d'œufs. En tout cas, ils aimaient mieux que les œufs fussent cassés par d'autres.

Olivier regardait, observait, et il ne s'étonnait point. Tout de suite, il avait reconnu combien ces hommes étaient inférieurs à l'œuvre qu'ils prétendaient réaliser ; mais il avait aussi reconnu la force fatale qui les entraînait ; et il s'apercevait que Christophe, à son insu, suivait le fil de l'eau. Pour lui, qui n'eût demandé qu'à se laisser emporter, le courant ne voulait pas de lui. Il restait au rivage et regardait l'eau passer.

C'était un fort courant : il soulevait une masse énorme de passions, d'intérêts et de foi, qui se poussaient, se heurtaient, se fondaient, avec des bouillonnements d'écume et des remous contradictoires. Les chefs étaient en tête, les moins libres de tous, car ils étaient poussés, et peut-être de tous, ceux qui croyaient le moins : ils avaient cru jadis, ils étaient comme ces prêtres qu'ils avaient tant raillés, enfermés dans leurs vœux, dans la foi qu'ils avaient eue et qu'ils étaient forcés de professer jusqu'à la fin. Derrière eux, le gros du troupeau était brutal, incertain, et de vue courte. Le plus grand nombre croyaient par hasard, parce que le courant allait maintenant à ces utopies ; ils n'y croiraient plus, ce soir, parce que le courant aurait changé. Beaucoup croyaient par besoin d'action, par désir d'aventures, par bêtise romanesque. D'autres, par logique raisonneuse, dénuée de sens commun. Quelques-uns par bonté. Les malins ne se servaient des idées que comme d'armes pour la bataille ; leurs visées étaient immédiates : ils luttaient pour un salaire précis, pour un nombre d'heures de travail. Les pires couvaient l'espoir secret de revanches grossières de leur vie misérable.

Mais le courant qui les portait était plus sage qu'eux, et il savait où il allait. Qu'importait qu'il dût momentanément se briser contre la digue du vieux monde ! Olivier prévoyait qu'une révolution sociale serait aujourd'hui écrasée. Mais il savait aussi qu'elle n'atteindrait pas moins ses fins par la défaite que par la victoire : car les oppresseurs ne font droit aux demandes des opprimés que lorsque ces opprimés leur inspirent la peur. Ainsi, la violence des révolutionnaires ne servait pas moins à leur cause que la justice de cette cause. L'une et l'autre faisaient partie du plan de la force aveugle et sûre qui mène le troupeau humain…

« Car considérez ce que vous êtes, vous que le Maître a appelés. Selon la chair, il n'y a pas parmi vous beaucoup de

sages, ni beaucoup de forts, ni beaucoup de nobles. Mais Il a choisi les choses folles de ce monde pour confondre les sages ; et Il a choisi les choses faibles de ce monde pour confondre les fortes ; et Il a choisi les choses viles de ce monde et les choses méprisées et celles qui ne sont points pour abolir celles qui sont... »

Cependant, quel que fût le Maître qui gouvernait les choses, — (Raison ou Déraison), — et bien que l'organisation sociale préparée par le syndicalisme constituât pour l'avenir un progrès relatif, Olivier ne pensait pas qu'il valût la peine, pour Christophe et pour lui, d'absorber toute leur force d'illusion et de sacrifice dans ce combat terre à terre, qui n'ouvrirait pas de mondes nouveaux. Son espoir mystique de la révolution était déçu. Le peuple ne lui semblait pas meilleur, et guère plus sincère que les autres classes ; surtout, il n'était pas assez différent. Au milieu du torrent des intérêts et des passions boueuses, le regard et le cœur d'Olivier étaient attirés par les îlots d'indépendants, les petits groupes de vrais croyants, qui émergeaient çà et là, comme des fleurs sur l'eau. L'élite a beau faire et vouloir se mêler à la foule : elle va toujours à l'élite, — l'élite de toutes les classes et de tous les partis, — ceux qui portent le feu. Et le devoir sacré, c'est de veiller à ce que le feu ne s'éteigne pas dans leurs mains.

Olivier avait déjà fait son choix.

À quelques maisons de la sienne, était une échoppe de savetier, un peu en contre-bas de la rue, — quelques planches clouées ensemble, avec des vitres sales et des carreaux de papier. On y descendait par trois marches, et il fallait baisser le dos pour s'y tenir debout. Il y avait juste la place pour un rayon de savates et deux escabeaux. Tout le jour, on entendait, selon la tradition du savetier classique, le maître de céans chanter. Il sifflait, tapait ses semelles, braillait d'une voix enrouée des gaudrioles et des chansons révolutionnaires, ou interpellait à travers son bocal les voisines qui passaient. Une pie à l'aile cassée, qui se promenait sur le trottoir en sautillant, venait d'une loge de concierge lui rendre visite. Elle se posait sur la première marche, à l'entrée de l'échoppe, et regardait le savetier. Il s'interrompait un moment pour lui dire des grivoiseries, d'un ton flûté, ou il s'évertuait à lui siffler l'*Internationale*. Elle restait, le bec levé, écoutant gravement ; de temps en temps, elle faisait un plongeon, le bec en avant comme pour saluer, et elle battait gauchement des ailes, afin de retrouver son équilibre ; puis, elle virait soudain, plantant là son interlocuteur au milieu d'une phrase, et d'une aile et d'un aileron s'envolait sur le dossier d'un banc, d'où elle narguait les chiens du quartier. Alors le gniaf se remettait à battre ses empeignes ; et la fuite de son auditrice ne l'empêchait pas de continuer jusqu'au bout le discours interrompu.

Il avait cinquante-six ans, l'air jovial et bourru, de petits yeux rieurs sous d'énormes sourcils, un crâne chauve au sommet qui s'élevait comme un œuf au-dessus d'un nid de cheveux, des oreilles poilues, une gueule noire et brèche-dents qui s'ouvrait comme un puits, dans des accès de rire, une barbe hirsute et malpropre, où il fourrageait à pleines mains, de ses pinces volumineuses et noires de cirage. Il était connu dans le quartier, sous le nom de père Feuillet, dit Feuillette, dit papa La Feuillette — on disait La Fayette, pour le faire enrager : car le vieux, en politique, arborait des opinions écarlates ; tout jeune, il avait été mêlé à la Commune, condamné à mort, finalement déporté ; il était fier de ses souvenirs et associait dans ses rancunes Badinguet, Galliffet et Foutriquet. Il était assidu aux meetings révolutionnaires, et enthousiaste de Coquard, pour l'idéal vengeur que celui-ci prophétisait avec une si belle barbe et une voix de tonnerre. Il ne manquait pas un de ses discours, il buvait ses paroles, riait de ses plaisanteries à mâchoire déployée, écumait de ses invectives, jubilait des combats et du paradis promis. Le lendemain, à l'échoppe, il relisait dans son journal le résumé des discours ; il les relisait tout haut, pour lui et pour son apprenti ; afin de mieux les savourer, il se les faisait lire et calottait l'apprenti, quand il sautait une ligne. Aussi, n'était-il pas toujours exact à livrer l'ouvrage, aux dates promises ; en revanche, c'était de l'ouvrage solide : il usait les pieds, mais il était inusable.

Le vieux avait avec lui un petit-fils de treize ans, bossu, malingre et rachitique, qui lui faisait ses courses et lui servait d'apprenti. La mère, à dix-sept ans, avait fui sa famille, pour filer avec un mauvais ouvrier, devenu apache, qui n'avait pas tardé à être pris, condamné, et qui disparut. Restée seule avec l'enfant, rejetée par les siens, elle éleva le petit Emmanuel. Elle avait reporté sur lui l'amour et la haine qu'elle avait pour son amant. C'était une femme d'un caractère violent et jaloux, à un degré maladif. Elle aimait son enfant avec emportement, le malmenait brutalement, puis, quand il était malade, elle était folle de désespoir. Dans ses jours de mauvaise humeur, elle le couchait sans dîner, sans un morceau de pain. Quand elle le traînait par la main dans les rues, s'il était fatigué, s'il ne voulait plus avancer et se laissait choir par terre, elle le relevait d'un coup de pied. Elle avait un langage incohérent, et passait des larmes à une excitation de gaieté hystérique. Elle était morte. Le grand-père avait recueilli le petit, alors âgé de six ans. Il l'aimait bien ; mais il avait sa manière de le lui témoigner : elle consistait à rudoyer l'enfant, à le nommer d'injures variées, à lui allonger les oreilles, à le claquer, du matin au soir, afin de lui apprendre son métier ; et il lui inculquait en même temps son catéchisme social et anticlérical.

Emmanuel savait que le grand-père n'était pas méchant ; mais il était toujours prêt à lever le coude pour parer les gifles ; le vieux lui faisait peur, surtout les soirs de ribote. Car le père la Feuillette n'avait pas volé son surnom : il se pochardait deux ou trois fois par mois ; alors, il parlait à tort et à travers, il riait, il faisait le faraud, et cela finissait par quelques bourrades au petit. Plus de bruit que de mal. Mais l'enfant était craintif ; son état souffreteux le rendait plus sensible qu'un autre ; il avait une intelligence précoce, et il tenait de sa mère un cœur farouche et déréglé. Il était bouleversé par les brutalités du grand-père, comme par ses déclamations révolutionnaires, — (les deux allaient ensemble ; c'était surtout quand le vieux était ivre qu'il vaticinait). — Tout résonnait en lui des impressions du dehors, comme l'échoppe qui tremblait au passage des lourds omnibus. Dans son imagination affolée se mêlaient, en des vibrations de clocher, ses sensations journalières, ses grandes douleurs d'enfant, les lamentables souvenirs d'une expérience prématurée, les récits de la Commune, des bribes de cours du soir, de feuilletons de journaux, de discours de meetings, et les instincts sexuels, troubles et torrentueux, qui lui venaient des siens. Le tout formait ensemble un monde de rêve, monstrueux, frémissant, d'où se détachaient de la nuit opaque et du chaos marécageux des jets éblouissants d'espoir.

Le savetier traînait parfois son apprenti au cabaret, chez Aurélie. Ce fut là qu'Olivier remarqua le petit bossu qui avait une voix d'hirondelle. Parmi ces ouvriers avec qui il ne causait guère, il avait eu tout le temps d'étudier la figure maladive de l'enfant, au front proéminent, son air sauvage et humilié ; il avait assisté aux grossièretés joviales qu'on lui disait, et dont les traits du petit se crispaient en silence. Il avait vu, à certaines déclamations révolutionnaires, ses yeux de velours marron rayonner de l'extase chimérique du bonheur futur... — ce bonheur qui, même s'il devait se réaliser jamais, ne changerait pas grand chose à sa chétive destinée. À ces instants, son regard illuminait son visage ingrat, le faisait oublier. La belle Berthe elle-même en fut frappée ; un jour, elle le lui dit, et, sans crier gare, le baisa sur la bouche. L'enfant sursauta ; il pâlit, de saisissement, et se rejeta en arrière, avec dégoût. La fille n'eut pas le temps de le remarquer ; elle était déjà occupée à se quereller avec Joussier. Seul, Olivier s'aperçut du trouble d'Emmanuel ; il suivait des yeux le petit, qui s'était reculé dans l'ombre, les mains tremblantes, le front baissé, regardant en dessous, jetant de côté sur la fille des coups d'œil ardents et irrités. Il se rapprocha de lui, il lui parla doucement, poliment, l'apprivoisa... Qui dira le bien que peut faire une douceur de manières à un cœur sevré d'égards ? C'est comme une goutte d'eau qu'une terre aride boit avidement. Il ne fallut que quelques mots, un sourire, pour que, dans le secret de son cœur, le petit Emmanuel se donnât à Olivier et décidât qu'Olivier était à lui. Après, quand il le rencontra dans la rue et découvrit qu'ils étaient voisins, ce lui fut comme un signe mystérieux du destin qu'il ne s'était pas trompé. Il guettait le passage d'Olivier devant l'échoppe, pour lui adresser le bonjour ; et s'il arrivait qu'Olivier, distrait, ne regardât pas de son côté, Emmanuel en était froissé.

Il eut un grand bonheur, lorsqu'Olivier, un jour, entra chez le père Feuillette, pour une commande. L'ouvrage terminé, Emmanuel alla le porter chez Olivier ; il avait guetté son retour à la maison, afin d'être sûr de le trouver. Olivier, absorbé, fit peu attention à lui, paya, ne disait rien ; l'enfant semblait attendre, regardait à droite et à gauche ; il s'en allait à regret. Olivier, avec sa bonté, devina ce qui se passait en lui ; il sourit, et essaya de lier conversation, malgré la gêne qu'il avait toujours à causer avec quelqu'un du peuple. Cette fois, il sut trouver les mots tout simples et tout directs. Une intuition de souffrance lui faisait voir dans l'enfant — (d'une façon trop simpliste) — un petit oiseau blessé par la vie, comme lui, et qui se consolait, la tête sous son aile, tristement recroquevillé en boule sur son perchoir, en rêvant de vols fous dans la lumière. Un sentiment analogue de confiance instinctive rapprochait de lui l'enfant ; il subissait l'attraction de cette âme silencieuse, qui ne criait point, qui ne disait point de paroles rudes, où l'on se sentait à l'abri des brutalités de la rue ; et la chambre, peuplée de livres, ceinte de bibliothèques où dormaient les rêves des siècles, lui inspirait un respect quasi religieux. Aux questions d'Olivier, il ne cherchait pas à se dérober ; il répondait volontiers, avec de brusques sursauts de sauvagerie orgueilleuse ; mais l'expression lui manquait. Olivier démaillotait avec patience et précaution cette âme obscure et bégayante ; il arrivait à y lire peu à peu ses espoirs et sa foi ridicule, touchante, dans un renouvellement du monde. Il n'avait pas envie d'en rire, en sachant qu'elle rêvait de l'impossible et qu'elle ne changerait pas l'homme. Les chrétiens ont aussi rêvé de l'impossible ; et ils n'ont pas changé l'homme. De l'époque de Périclès à celle de M. Fallières, où est le progrès moral ?... Mais toute foi est belle ; et quand pâlissent les autres, il faut saluer celles qui s'allument : il n'y en aura jamais trop. Olivier regardait avec une curiosité attendrie la lueur incertaine qui brûlait dans le cerveau de l'enfant. Quel étrange cerveau !... Olivier ne parvenait pas à suivre le mouvement de cette pensée, incapable d'un effort continu et raisonné, qui allait par saccades, et, tandis qu'on lui parlait, restait loin derrière vous, sans vous suivre, s'agrippant à une image évoquée, on ne savait comment, par un mot dit tout à l'heure, puis soudain vous rejoignait, vous dépassait d'un saut, faisant sortir d'une pensée banale, d'une prudente phrase bourgeoise, tout un monde enchanté, un *credo* héroïque et dément. Cette âme, qui somnolait, avec des réveils bondissants, avait un besoin puéril et puissant d'optimisme ; à tout ce qu'on lui disait, art ou science, elle ajoutait une fin de mélodrame complaisant qui se ramenait à ses chimères et les satisfaisait.

Olivier fit, par curiosité, quelques lectures au petit, le dimanche. Il croyait l'intéresser avec des récits réalistes et familiers ; il lui lut les *Souvenirs d'enfance* de Tolstoy. Le petit n'en était pas frappé ; il disait :

— Ben oui, c'est ainsi, on sait ça.

Et il ne comprenait pas qu'on se donnât tant de mal pour écrire des choses réelles…

— Un gosse, c'est un gosse, disait-il dédaigneusement.

Il n'était pas plus sensible à l'intérêt de l'histoire ; et la science l'ennuyait ; elle était pour lui une préface fastidieuse à un conte de fées : les forces invisibles, mises au service de l'homme, tels des génies terribles et terrassés. À quoi bon tant d'explications ? Quand on a trouvé quelque chose, on n'a pas besoin de dire comment on l'a trouvé, mais ce qu'on a trouvé. L'analyse des pensées est du luxe bourgeois. Ce qu'il faut aux âmes du peuple, c'est la synthèse, ce sont des idées toutes faites, tant bien que mal, et plutôt mal que bien, mais tendant à l'action, des réalités grosses de vie et chargées d'électricité. De toute la littérature qu'Emmanuel pouvait connaître, ce qui le touchait le plus, c'était le pathos épique de quelques pages de Hugo et la rhétorique fuligineuse de ces orateurs révolutionnaires, qu'il ne comprenait pas bien, et qui, non plus que Hugo, ne se comprenaient pas toujours eux-mêmes. Le monde était pour lui, comme pour eux, non pas un assemblage cohérent de raisons ou de faits, mais un espace infini, noyé d'ombre et tremblant de lumière, où passaient dans la nuit de grands coups d'aile ensoleillés. Olivier essayait en vain de lui communiquer sa logique bourgeoise. L'âme rebelle et ennuyée lui échappait des mains ; et elle se complaisait dans le vague et le heurt de ses sensations hallucinées, comme une femme amoureuse, qui se livre, les yeux fermés.

Olivier était à la fois attiré et déconcerté par ce qu'il sentait chez l'enfant de si proche de lui : — solitude, faiblesse orgueilleuse, ardeur idéaliste, — et de si différent, — cette raison déséquilibrée, ces désirs aveugles et effrénés, cette sauvagerie sensuelle qui n'avait pas l'idée du bien et du mal, tels que les définit la morale bourgeoise. Il ne faisait qu'entrevoir une partie de cette sauvagerie, qui l'eût effrayé s'il l'avait connue tout entière. Jamais il ne se douta du monde de passions troubles qui grondaient dans le cœur et dans le cerveau de son petit ami. Notre atavisme bourgeois nous a trop assagis. Nous n'osons même pas regarder en nous. Si nous disions le centième des rêves que fait un honnête homme, ou des désirs qui passent sous l'épiderme d'une femme chaste, on crierait au scandale. Paix sur les monstres ! Fermons la grille. Mais sachons qu'ils existent, et que dans les âmes neuves, ils sont mal enchaînés. — Le petit avait tous les désirs et les rêves érotiques, que l'on s'accorde à regarder comme pervers ; ils l'étreignaient à l'improviste, par bouffées, par rafales : d'autant plus brûlants qu'ils étaient irrités par sa laideur qui l'isolait. Olivier n'en savait rien. Devant lui, Emmanuel avait honte. Il subissait la contagion de cette paix et de cette pureté. L'exemple d'une telle vie était un dompteur pour lui. L'enfant ressentait pour Olivier un amour violent. Et ses passions comprimées se ruaient en rêves tumultueux : bonheur humain, fraternité sociale, miracles de la science, aviation fantastique, poésie sauvage et barbare, — tout un monde héroïque, érotique, enfantin, splendide et vulgaire, où son intelligence et sa volonté cahotaient, dans la flânerie et dans la fièvre.

Il n'avait pas beaucoup de temps pour s'y abandonner, surtout dans l'échoppe du grand-père, qui ne restait pas un instant silencieux, sifflant, tapant, et parlant, du matin au soir. Mais il y a toujours place pour le rêve. Que de journées de songe l'on peut faire, debout, les yeux ouverts, en une seconde de vie ! — Le travail de l'ouvrier s'accommode assez bien d'une pensée intermittente. Son esprit aurait peine à suivre, sans un effort de volonté, une chaîne un peu longue de raisonnements serrés ; s'il parvient à le faire, il y manque toujours, çà et là, quelques mailles ; mais dans les intervalles des mouvements rythmés, les idées s'intercalent, les images surgissent ; les gestes réguliers du corps les font jaillir, comme le soufflet de forge. Pensée du peuple ! Gerbe de fumée et de feu, pluie d'étincelles qui s'éteignent, s'allument, et s'éteignent ! Mais parfois l'une d'elles, emportée par le vent, va mettre l'incendie aux forêts desséchées et aux riches meules bourgeoises…

Olivier réussit à faire entrer Emmanuel dans une imprimerie. C'était le vœu de l'enfant ; et le grand-père ne s'y opposa point : il voyait volontiers son petit-fils plus instruit que lui ; et il avait du respect pour l'encre d'imprimerie. Dans le nouveau métier, le travail était plus fatigant que dans l'ancien ; mais parmi la foule des travailleurs, le petit se sentait plus libre de penser que dans l'échoppe, seul, à côté du grand-père.

Le meilleur moment était à l'heure du déjeûner. Loin du flot des ouvriers qui envahissait les petites tables sur le trottoir et les débits de vin du quartier, il s'échappait en clopinant vers le square voisin ; et là, à cheval sur un banc, sous le dais d'un marronnier, près d'un faune de bronze qui dansait, une grappe à la main, il déballait son pain et le morceau de charcuterie enveloppé dans un papier gras ; et il le savourait lentement, au milieu d'un cercle de moineaux. Sur la pelouse verte, de petits jets d'eau faisaient tomber leur fine pluie en réseau grésillant. Dans un arbre ensoleillé, des pigeons bleu d'ardoise, à l'œil rond, roucoulaient. Et tout autour, c'était le ronflement perpétuel de Paris, le grondement des voitures, la mer bruissante des pas, les cris familiers de la rue, le lointain flûteau rieur d'un raccommodeur de faïences, un marteau de terrassier tintant sur les pavés, la noble musique d'une fontaine, — toute l'enveloppe fiévreuse et dorée du rêve parisien. — Et le petit bossu, à cheval sur son banc, la bouche pleine, ne se pressant pas d'avaler, s'alanguissait dans une délicieuse torpeur, où il ne sentait plus son échine douloureuse et son âme chétive ; il était tout baigné d'un bonheur imprécis et grisant.

— « ... Tiède lumière, soleil de la justice qui luira demain pour nous, ne luis-tu pas déjà ? Tout est si bon, si beau ! On est riche, on est fort, on se porte bien, on aime... J'aime, j'aime tous, tous m'aiment... Ah ! qu'on est bien ! Qu'on va être bien, demain !... »

Les sirènes d'usines sifflaient ; l'enfant s'éveillait, avalait sa bouchée, buvait une longue gorgée à la Wallace voisine, et, rentré dans sa carapace bossue, il allait, de sa démarche sautillante et boiteuse, reprendre sa place à l'imprimerie, devant les casiers aux lettres magiques, qui écriraient un jour le *Mane Thecel Pharès* de la Révolution.

Le père Feuillet avait un vieil ami, Trouillot, le papetier, de l'autre côté de la rue. Une papeterie-mercerie, où l'on voyait, à la devanture, des bonbons roses et verts dans des bocaux, et des poupées en carton sans bras ni jambes. D'un trottoir à l'autre, l'un sur le pas de sa porte, l'autre dans son échoppe, ils échangeaient des clignements d'yeux, des hochements de tête, et autres pantomimes variées. À certaines heures, quand le savetier était las de taper et qu'il avait, comme il disait, la crampe dans les fesses, ils se hélaient, La Feuillette de son gueuloir glapissant, Trouillot d'un mugissement indistinct, comme un veau enroué ; et ils allaient ensemble siroter un verre au comptoir voisin. Ils ne se pressaient pas de revenir. C'étaient de sacrés bavards. Ils se connaissaient depuis près d'un demi-siècle. Le papetier avait joué, lui aussi, son petit bout de rôle dans le grand mélodrame de 1871. On ne s'en serait pas douté, à voir ce gros homme placide, une toque noire sur la tête, vêtu d'une blouse blanche, avec sa moustache grise de vieux troupier, ses yeux vagues d'un bleu pâle striés de rouge, sous lesquels les paupières faisaient des poches, ses joues flasques et luisantes, toujours en transpiration, tramant la jambe, goutteux, le souffle court, la langue lourde. Mais il n'avait rien perdu de ses illusions d'antan. Réfugié en Suisse pendant quelques années, il y avait rencontré des compagnons de diverses nations, et notamment des Russes, qui l'avaient initié aux beautés de l'anarchie fraternelle. Là-dessus, il n'était pas d'accord avec La Feuillette, qui était un vieux Français, partisan de la manière forte et de l'absolutisme dans la liberté. Pour le reste, aussi fermes croyants l'un que l'autre dans la révolution sociale et la Salente ouvrière de l'avenir. Chacun était épris d'un chef en qui il incarnait l'idéal de ce qu'il aurait voulu être. Trouillot était pour Joussier, et La Feuillette pour Coquard. Ils discutaient interminablement sur ce qui les divisait, estimant que leurs pensées communes étaient assurées ; — (peu s'en fallait, à force d'en être sûrs, qu'entre deux rasades ils ne les crussent réalisées). — Des deux, le plus raisonneur était le savetier. Il croyait, par raison ; du moins, il s'en flattait : car Dieu sait que sa raison était d'une espèce singulière, et qu'elle n'eût pu chausser d'autre pied que le sien. Cependant, moins expert en raison qu'en chaussures, il prétendait que les autres esprits se chaussassent à son pied. Le papetier, moins combatif et plus paresseux, ne se donnait pas la peine de démontrer sa foi. On ne démontre que ce dont on doute. Il ne doutait point. Son optimisme perpétuel voyait les choses comme il les désirait, et ne les voyait pas quand elles étaient autrement, ou il les oubliait aussitôt. Que ce fût par volonté, ou bien par apathie, il n'y avait aucune peine : les expériences contraires glissaient sur son cuir, sans y laisser de traces. — Tous deux étaient de vieux enfants romanesques, qui n'avaient pas le sens de la réalité, et pour qui la révolution, dont le nom seul les grisait, était une belle histoire qu'on se raconte et dont on ne sait plus très bien si elle arrivera jamais, ou si elle est arrivée. Et tous deux avaient foi dans l'Humanité-Dieu, par transposition de leurs habitudes héréditaires, pliées durant des siècles devant le Fils de l'Homme. — Il va sans dire que tous deux étaient anticléricaux.

Le plaisant était que le bon papetier habitait avec une nièce fort dévote, qui faisait de lui ce qu'elle voulait. Cette petite femme très brune, grassouillette, aux yeux vifs, douée d'une volubilité de parole que relevait encore un fort accent de Marseille, était veuve d'un rédacteur au ministère du commerce. Restée seule sans fortune, avec une fillette, et recueillie par l'oncle, cette bourgeoise, qui avait des prétentions, n'était pas loin de croire qu'elle faisait une grâce à son parent le boutiquier, en vendant, à son magasin ; elle trônait avec des airs de reine déchue, que, fort heureusement pour les affaires de l'oncle et pour la clientèle, tempérait son exubérance naturelle et son besoin de parler. Royaliste et cléricale, comme il convenait à une personne de sa distinction, Mme Alexandrine étalait ses sentiments avec un zèle d'autant plus indiscret qu'elle avait un malin plaisir à taquiner le vieux mécréant chez qui elle s'était installée. Elle s'était constituée la maîtresse du logis, responsable de la conscience de toute la maisonnée ; si elle ne pouvait convertir l'oncle — (et elle se jurait bien de l'attraper *in extremis*), — elle s'en donnait à cœur joie de tremper le diable dans l'eau bénite. Elle épinglait aux murs des images de Notre-Dame de Lourdes et de saint Antoine de Padoue ; elle ornait la cheminée de petits fétiches peinturlurés sous des globes de verre ; et, la saison venue, elle installait dans l'alcôve de sa fille une chapelle du mois de Marie, avec de petites bougies bleues. On ne savait ce qui l'emportait, dans sa dévotion agressive, d'une affection très réelle pour l'oncle qu'elle souhaitait de convertir, ou de la joie qu'elle avait à l'ennuyer.

Le brave homme, apathique et un peu endormi, laissait faire ; il ne se risquait pas à relever les provocations batailleuses de sa terrible nièce : avec une langue si bien pendue, impossible de lutter ; avant tout, il voulait la paix. Une seule fois, il se fâcha, lorsqu'un petit saint Joseph tenta subrepticement de se glisser dans sa chambre, au-dessus de son lit ; sur ce point, il eut gain de cause : car il faillit en avoir une attaque, et la nièce prit peur ; l'expérience ne fut pas renouvelée. Pour tout le reste, il céda, affectant de ne pas voir ; cette odeur de bon Dieu lui causait bien quelque malaise ; mais il ne voulait pas y penser. Au fond, il admirait sa nièce, et il éprouvait un certain plaisir à être malmené par elle. Et puis, ils s'entendaient pour choyer la fillette, la petite Reine, ou Rainette.

Elle avait douze à treize ans, et elle était toujours malade. Depuis des mois, une coxalgie la tenait étendue et captive, tout un côté du corps moulé dans une gouttière, comme une petite Daphné dans son écorce. Elle avait des yeux de biche blessée et le teint décoloré des plantes privées de soleil ; une tête trop grosse, que ses cheveux blond pale, très fins et très tirés, faisaient paraître encore plus grosse ; mais un visage mobile et délicat, un vivant petit nez, et un bon sourire enfantin. La dévotion de la mère avait pris chez l'enfant souffrante et désœuvrée un caractère exalté. Elle passait des heures à réciter son chapelet, un petit chapelet de corail, que le pape avait bénit ; et elle s'interrompait pour le baiser avec emportement. Elle ne faisait presque rien, de toute la journée ; les travaux à l'aiguille la fatiguaient ; Mme Alexandrine ne lui en avait pas donné le goût. À peine si elle lisait quelques *Tracts* insipides, quelque fade histoire miraculeuse, dont le style prétentieux et plat lui semblait la poésie même, — ou les récits des crimes avec illustrations coloriées dans les journaux du Dimanche que sa stupide mère lui mettait dans les mains. À peine si elle faisait quelques mailles de crochet, en remuant les lèvres, moins attentive à son ouvrage qu'à la conversation qu'elle tenait avec quelque sainte de ses amies, ou même avec le bon Dieu. Car il ne faut pas croire qu'il soit besoin d'être une Jeanne d'Arc, pour avoir de ces visites ; tous, nous en avons reçu. Seulement, à l'ordinaire, les visiteurs célestes nous laissent parler seuls, assis à notre foyer ; et ils ne disent mot. Rainette ne songeait pas à s'en formaliser : qui ne dit mot consent. D'ailleurs, elle avait tant à leur dire, pour sa part, qu'à peine leur laissait-elle le temps de répondre : elle répondait pour eux. Elle était une bavarde silencieuse ; elle tenait de sa mère la volubilité de langue ; mais ce flot s'infiltrait en paroles intérieures, comme un ruisseau qui disparaît sous terre. — Naturellement, elle faisait partie de la conspiration contre l'oncle, afin de le convertir ; elle se réjouissait de chaque pouce de la maison conquis sur l'esprit de ténèbres par les esprits dé lumière ; et, plus d'une fois, il lui arriva de coudre une médaille sainte à l'intérieur d'une doublure d'habit du vieux, ou de glisser dans une de ses poches un grain de chapelet, que l'oncle, pour faire plaisir à sa petite nièce, affectait de ne pas remarquer. — Cette mainmise des deux dévotes sur le mangeur de prêtres causait l'indignation et la joie du savetier. Il ne tarissait pas en grosses plaisanteries sur les femmes qui portent culotte ; et il se gaussait de son ami, qui se laissait mettre sous la pantoufle. De vrai, il n'avait pas lieu de faire le malin : car lui-même avait été affligé pendant vingt ans d'une femme acariâtre et sobre, qui le traitait de vieux pochard, et devant qui il baissait la crête. Mais il se gardait d'en faire mention. Le papetier, un peu honteux, se défendait mollement, professant d'une langue pâteuse une tolérance à la Kropotkine.

Rainette et Emmanuel étaient amis. Depuis leur petite enfance, ils se voyaient, chaque jour. Pour ne pas mentir, Emmanuel osait rarement se glisser dans la maison. Mme Alexandrine le regardait d'un mauvais œil, comme petit-fils d'un mécréant et comme sale petit gniaf. Mais Rainette passait ses journées sur une chaise longue près de la fenêtre, au rez-de-chaussée. Emmanuel tambourinait aux carreaux, en passant ; et, le nez écrasé contre la vitre, il grimaçait un bonjour. En été, quand la fenêtre restait ouverte, il s'arrêtait, les bras appuyés un peu haut sur la barre de la fenêtre ; — (il s'imaginait que cette pose l'avantageait, que ses épaules remontées dans une attitude familière donnaient le change sur sa difformité réelle) ; — ils causaient. Rainette, qui n'était pas gâtée par les visites, ne songeait plus à remarquer qu'Emmanuel fut bossu. Emmanuel, qui avait peur des filles, peur et dégoût, faisait exception pour Rainette. Cette petite malade, à demi pétrifiée, était pour lui quelque chose d'intangible et de lointain, de pas très existant. Seulement le soir où la belle Berthe lui baisa la bouche, et encore le jour suivant, il s'écarta de Rainette, avec une répulsion instinctive ; il longea la maison, sans s'arrêter, baissant la tête ; et il rôdait à distance, craintif et méfiant, comme un chien sauvage. Puis, il revint. Elle était si peu une femme ! À sa sortie de l'atelier, quand il passait, tâchant de se faire aussi petit que possible, au milieu des brocheuses dans leurs longues blouses de travail, telles que des chemises de nuit, — ces grandes filles remuantes et rieuses, dont les yeux affamés vous déshabillaient en passant, — comme il détalait vers la fenêtre de Rainette ! Il savait gré à son amie de ce qu'elle était une infirme : il pouvait, vis-à-vis d'elle, se donner des airs de supériorité, et même un peu de protection. Il profitait de son importance ; il racontait les événements de la rue ; il s'y mettait en bonne place. Parfois, quand il était en veine de galanterie, il apportait à Rainette, en hiver, des marrons grillés, en été, un bouquet de cerises. Elle, de son côté, lui donnait de ces bonbons multicolores qui remplissaient les deux bocaux, à la devanture ; et ils regardaient ensemble les cartes postales illustrées. C'étaient d'heureux moments ; ils oubliaient tous deux le triste corps qui tenait en cage leur âme d'enfants.

Mais il arrivait aussi qu'ils se missent à parler, comme les grands, des choses politiques et de la religion. Alors, ils devenaient aussi stupides que les grands. La bonne entente cessait. Elle, parlait de miracles, de neuvaines, ou de pieuses images bordées de dentelles en papier et de jours d'indulgences. Lui, disait que c'étaient des bêtises et des mômeries, commue il avait entendu dire à son grand-père. Mais quand il voulait à son tour raconter les réunions publiques où le vieux l'avait emmené, et les discours auxquels il avait assisté, elle l'interrompait avec mépris et disait que tous ces gens-là étaient des soulards. La conversation s'aigrissait. Ils en venaient à parler de leurs parents ; ils se répétaient, l'un sur le compte de la mère, l'autre sur celui du grand-père, les propos injurieux du grand-père et de la mère. Puis, ils parlaient d'eux-mêmes. Ils cherchaient à se dire des choses désagréables. Ils y arrivaient sans peine. Il disait les plus grossières. Mais elle savait trouver les mots les plus méchants. Alors, il s'en allait ; et quand il revenait, il racontait qu'il avait été avec d'autres filles, et qu'elles étaient jolies, et qu'ils avaient bien ri ensemble, et qu'ils devaient se retrouver, le dimanche prochain. Elle, ne disait rien ; elle faisait semblant de mépriser ce qu'il disait ; et brusquement, elle se mettait en rage, elle lui lançait son crochet à la tête, en lui criant de partir, et qu'elle le détestait ; et elle se cachait la figure dans ses mains. Il partait, pas fier de sa victoire. Il avait grande envie d'écarter les petites mains maigres, de dire que ce n'était pas vrai. Mais il se forçait, par orgueil, à ne pas revenir.

Un jour, Rainette fut vengée. — Il était avec ses camarades d'atelier. Ils ne l'aimaient guère, parce qu'il se tenait le plus possible en dehors d'eux et qu'il ne parlait pas, ou qu'il parlait trop bien, d'une façon naïvement prétentieuse, comme un livre, ou plutôt comme un article de journal — (il en était farci). — Ce jour-là, ils s'étaient mis à causer de la révolution et des temps futurs. Il s'exaltait, et il était ridicule. Un camarade l'apostropha brutalement :

— D'abord, toi, n'en faut plus, tu es trop laid. Dans la société future, n'y aura plus de boscos. On les fout à l'eau, en naissant.

Cela le fit dégringoler, du haut de son éloquence. Il se tut, consterné. Les autres se tordaient de rire. De tout l'après-midi, il ne desserra plus les dents. Le soir, il s'en retournait chez lui ; il avait hâte d'être rentré, pour se cacher dans un coin, et pour souffrir tout seul. Olivier le rencontra ; il fut frappé de son visage terreux ; il devina sa souffrance.

— Tu as de la peine. Pourquoi ?

Emmanuel ne voulait pas parler. Olivier insista affectueusement. Le petit persistait à se taire ; mais sa mâchoire tremblait, comme s'il était près de pleurer. Olivier le prit par le bras et l'emmena chez lui. Bien qu'il éprouvât, lui aussi, pour la laideur et pour la maladie, cette répulsion instinctive et cruelle qu'ont ceux qui ne sont pas nés avec des âmes de sœurs de charité, il n'en laissait rien voir.

— On t'a fait de la peine ?

— Oui.

— Qu'est-ce qu'on a fait ?

Le petit débonda son cœur. Il dit qu'il était laid. Il dit que ses camarades avaient dit que leur révolution n'était pas pour lui.

— Elle n'est pas pour eux non plus, mon petit, ni pour nous. Ce n'est pas l'affaire d'un jour. On travaille pour ceux qui viendront après nous.

Le petit était déçu que ce fût pour si tard.

— Est-ce que cela ne te fait pas plaisir de penser qu'on travaille pour donner le bonheur à des milliers de garçons comme toi, à des millions d'êtres ?

Emmanuel soupira, et dit :

— Ça serait pourtant bon, d'avoir un peu de bonheur, soi-même.

— Mon petit, il ne faut pas être un ingrat. Tu vis dans la plus belle ville, dans l'époque la plus riche en merveilles ; tu n'es pas bête, et tu as de bons yeux. Pense à ce qu'il y a de choses à voir et à aimer autour de soi.

Il lui en montra quelques-unes.

L'enfant écoutait, hocha la tête, et dit :

— Oui, mais se dire qu'on sera toujours enfermé dans cette peau !

— Mais non, tu en sortiras.

— Et alors, ce sera fini.

— Qu'est-ce que tu en sais ?

Le petit fut stupéfait. Le matérialisme faisait partie du *credo* du grand-père ; il pensait qu'il n'y avait que les calotins qui crussent à une vie éternelle. Il savait que son ami ne l'était point ; et il se demanda si Olivier parlait sérieusement. Mais Olivier, le tenant par la main, lui parla longuement de sa foi idéaliste, de l'unité de la vie sans limites, qui n'a ni commencement ni fin, et dont les milliards d'êtres et les milliards d'instants ne sont que les rayons de l'unique soleil. Mais il ne le lui disait pas sous cette forme abstraite. D'instinct, en lui parlant, il s'adaptait à la pensée de l'enfant ; les antiques légendes, les imaginations matérielles et profondes des vieilles cosmogonies lui revenaient à l'esprit ; moitié riant, moitié sérieux, il parlait de la métempsycose et de la série des formes innombrables où l'âme coule et se filtre, comme une source qui passe de bassins en bassins. Il y mêlait des ressouvenirs chrétiens et les images du soir d'été qui les baignait tous deux. Il était assis près de la fenêtre ouverte ; le petit, debout près de lui, et la main dans sa main. C'était un samedi soir. Les cloches sonnaient. Les premières hirondelles, revenues depuis peu, rasaient les murs des maisons. Le ciel lointain riait au-dessus de la ville, qui s'enveloppait d'ombre. L'enfant, retenant son souffle, écoutait le conte de fées que lui disait son grand ami. Et Olivier, à son tour, réchauffé par l'attention de son petit auditeur, se laissait prendre à ses propres récits.

Il est, dans la vie, des secondes décisives où, de même que s'allument tout d'un coup dans la nuit d'une grande ville les lumières électriques, s'allume dans l'âme obscure la flamme éternelle. Il suffit d'une étincelle qui jaillisse d'une autre âme et transmette à celle qui attend, le feu de Prométhée. Ce soir de printemps, la tranquille parole d'Olivier alluma dans l'esprit que recelait le petit corps difforme, comme une lanterne bossuée, la lumière qui ne s'éteint plus. Aux raisonnements d'Olivier il ne comprenait rien ; à peine les entendait-il. Mais ces légendes, ces images qui étaient pour Olivier de belles fables, des sortes de paraboles, en lui se faisaient chair, devenaient réalité. Le conte de fées s'animait et palpitait autour de lui. Et la vision qu'encadrait la fenêtre de la chambre, les hommes qui passaient dans la rue, les riches et les pauvres, et les hirondelles qui frôlaient les murs, et les chevaux harassés qui traînaient leur fardeau, et les pierres des maisons qui buvaient l'ombre du crépuscule, et le ciel pâlissant où mourait la lumière, — tout ce monde extérieur s'imprima brusquement en lui comme un baiser. Ce ne fut qu'un éclair. Puis, cela s'éteignit. Il pensa à Rainette, et dit :

— Mais ceux qui vont à la messe, ceux qui croyent au bon Dieu, c'est pourtant des toqués ?

Olivier sourit :

— Ils croient, dit-il, comme nous. Nous croyons tous la même chose. Seulement, ils croient moins que nous. Ce sont des gens qui, pour voir la lumière, ont besoin de fermer leurs volets et d'allumer leur lampe. Ils mettent Dieu dans un homme. Nous avons de meilleurs yeux. Mais c'est toujours la même lumière que nous aimons.

Le petit retournait chez lui, par les rues sombres où les becs de gaz n'étaient pas encore allumés. Les paroles d'Olivier bourdonnaient dans sa tête. Il se disait qu'il est aussi cruel de se moquer des gens parce qu'ils ont de mauvais yeux que parce qu'ils sont bossus. Et il pensait à Rainette qui avait de jolis yeux ; et il pensait qu'il les avait fait pleurer. Cela lui fut insupportable. Il revint sur ses pas, il alla à la maison du papetier, La fenêtre était encore entr'ouverte ; il y coula doucement la tête et appela à voix basse :

— Rainette.

Elle ne répondit pas.

— Rainette. Je te dis pardon.

La voix de Rainette, dans l'ombre, dit :

— Méchant ! Je te déteste.

— Pardon, répéta-t-il.

Il se tut. Puis, d'un élan soudain, il dit, plus bas encore, troublé, un peu honteux :

— Rainette, tu sais, je crois aussi à des bons Dieux, comme toi.

— C'est vrai ?

— C'est vrai.

Il le disait surtout, par générosité. Mais, après l'avoir dit, il y croyait un peu.

Ils restèrent sans parler. Ils ne se voyaient pas. La belle nuit, dehors !... Le petit infirme murmura :

— Qu'il fera bon, quand on sera mort !

On entendait le souffle léger de Rainette.

Il dit :

— Bonne nuit, petite grenouille.

La voix attendrie de Rainette dit :

— Bonne nuit.

Il partit, allégé. Il était content que Rainette lui eût pardonné. Et, tout au fond de lui-même, il ne déplaisait pas au petit souffre-douleur qu'une autre eût souffert par lui.

Olivier était rentré dans sa retraite. Christophe ne tarda pas à l'y rejoindre. Décidément, leur place n'était pas dans le mouvement syndicaliste. Olivier ne pouvait pas s'enrôler avec ces gens. Et Christophe ne le voulait pas. Olivier s'en écartait, au nom des faibles, opprimés ; Christophe, au nom des forts, indépendants. Mais qu'ils se fussent retirés, l'un à la proue, l'autre à la poupe, ils n'en étaient pas moins sur le même bateau qui emportait l'armée des ouvriers et la société tout entière. Libre et sûr de soi, Christophe contemplait, avec un intérêt provocant, la coalition des prolétaires ; il avait besoin de se retremper parfois dans la cuve populaire : cela le détendait ; il en sortait plus gaillard et plus frais. Il avait conservé ses relations avec Coquard, et il continuait de prendre ses repas, de temps en temps, chez ; Aurélie. Une fois là, il ne se surveillait guère ; il s'abandonnait à son humeur fantasque ; le paradoxe ne l'effrayait pas ; et il trouvait un malin plaisir à pousser ses interlocuteurs jusqu'aux extrêmes conséquences de leurs principes, absurdes et enragées. On ne savait jamais s'il parlait ou non sérieusement : car il se passionnait en parlant, et il finissait par perdre de vue son intention paradoxale du début. L'artiste se laissait griser par l'ivresse des autres.

Dans un de ces moments d'émotion esthétique, il lui arriva d'improviser, dans l'arrière-boutique d'Aurélie, un chant révolutionnaire qui, aussitôt essayé, répété, dès le lendemain se répandait parmi les groupes ouvriers. Il se compromettait. La police le surveillait. Manousse, qui avait des intelligences au cœur de la place, fut averti par un de ses amis, Xavier Bernard, jeune fonctionnaire de la préfecture de police, qui se mêlait de littérature et se disait toqué de la musique de Christophe : — (car le dilettantisme et l'esprit anarchique s'étaient glissés jusque parmi les chiens de garde de la troisième République).

— Votre Krafft est en train de jouer un vilain jeu, lui avait dit Bernard. Il fait le fier-à-bras. Nous savons ce qu'il en faut penser ; mais on ne serait pas fâché, en haut lieu, de pincer un étranger — qui plus est, un Allemand — dans ces mic-mac révolutionnaires : c'est le moyen classique pour déconsidérer le parti et pour y jeter les soupçons. Si ce nigaud ne fait pas attention, nous allons être obligés de l'arrêter. C'est ennuyeux. Avertissez-le.

Manousse avertit Christophe ; Olivier le supplia d'être prudent. Christophe ne prit pas leurs avis au sérieux.

— Bah ! dit-il, on sait que je ne suis pas dangereux. J'ai bien le droit de m'amuser un peu. J'aime ces gens, ils travaillent comme moi, ils ont une foi comme moi. À la vérité, ce n'est pas la même, nous ne sommes pas du même camp... Très bien ! On se battra donc. Ce n'est pas pour me déplaire. Que veux-tu ? Je ne peux pas rester, comme toi, recroquevillé dans ma coquille. J'ai besoin de respirer. J'étouffe chez les bourgeois.

Olivier, qui n'avait pas des poumons aussi exigeants, se trouvait bien de son logis étroit et de la calme société de ses deux amies, encore que l'une d'elles, Mme Arnaud, se fut jetée dans les œuvres de bienfaisance, et que l'autre, Cécile, fût absorbée dans les soins de l'enfant, jusqu'à ne plus parler que de lui et avec lui, sur ce ton gazouillant et bêtifiant qui tâche de se modeler sur celui de l'oiselet et de muer sa chanson informe en un parler humain.

De son passage dans les milieux ouvriers, il lui était resté deux connaissances. Deux indépendants, comme lui. L'un, Guérin, était tapissier. Il travaillait, à sa fantaisie, d'une façon capricieuse, mais avec beaucoup d'adresse. Il aimait son métier, il avait pour les objets d'art un goût naturel, qu'il avait développé par l'observation, le travail, les visites dans les musées. Olivier lui avait fait réparer un meuble ancien : le travail était difficile, et l'ouvrier s'en était acquitté habilement ; il y avait dépensé de la peine et du temps : il ne réclama à Olivier qu'un modeste salaire, tant il était heureux d'avoir réussi. Olivier s'intéressa à lui, l'interrogea sur sa vie, tâcha de savoir ce qu'il pensait du mouvement ouvrier. Guérin n'en pensait rien ; il ne s'en souciait pas. Au fond, il n'était pas de cette classe, ni d'aucune. Il lisait peu. Toute sa formation intellectuelle s'était faite par les sens, l'œil, la main, le goût inné au vrai peuple de Paris. C'était un homme heureux. Le type n'en est pas rare dans la petite bourgeoisie ouvrière, qui est une des races les plus intelligentes de la nation : car elle réalise un bel équilibre entre le travail manuel et l'activité saine de l'esprit.

L'autre connaissance d'Olivier était d'une espèce plus originale. C'était un facteur, qui se nommait Hurteloup. Bel homme, grand, les yeux clairs, petite barbe et moustache blondes, l'air ouvert et gai. Un jour qu'il apportait une lettre recommandée, il était entré dans la chambre d'Olivier. Pendant qu'Olivier signait, il faisait le tour de la bibliothèque, le nez sur les titres des volumes :

— Ha ! ha ! fit-il, vous avez les classiques… Il ajouta :

— Moi, je collectionne les bouquins d'histoire. Et tous sur la Bourgogne.

— Vous êtes Bourguignon ? demanda Olivier.

> — « Bourguignon salé,
> L'épée au côté,
> La barbe au menton,
> Saute Bourguignon. »

répondit, en riant, le facteur. Je suis du côté d'Avallon. J'ai des papiers de famille qui datent de 1200 et quelque…

Olivier, intrigué, voulut en savoir davantage. Hurteloup ne demandait qu'à parler. Il appartenait en effet à une des plus vieilles familles de Bourgogne. Un de ses ancêtres était à la croisade de Philippe-Auguste ; un autre avait été secrétaire d'État sous Henri II. La décadence avait commencé, dès le XVIIe siècle. Au temps de la Révolution, la famille, ruinée et déchue, avait fait le plongeon dans la mare populaire. Maintenant, elle revenait à la surface, par le probe travail, la vigueur physique et morale du facteur Hurteloup, et sa fidélité à sa race. Son meilleur passe-temps était de réunir des documents historiques et généalogiques, se rapportant aux siens ou à leur pays d'origine. À ses heures de congé, il allait aux Archives copier de vieux papiers. Quand il ne comprenait pas, il demandait l'explication à un de ses clients, Chartiste ou Sorbonnard. Son illustre ascendance ne lui tournait pas la tête ; il en parlait, en riant, sans l'ombre de gêne ni de récrimination contre le mauvais sort. Il avait une gaieté insouciante et robuste, qui faisait plaisir à voir. Et Olivier, en le regardant, pensait au va-et-vient mystérieux de la vie des races, qui coule à pleins bords pendant des siècles, pendant des siècles disparaît sous terre, puis ressurgit après avoir drainé au fond du sol des énergies nouvelles. Et le peuple lui apparaissait comme un réservoir immense où se perdent les fleuves du passé et d'où ressortent les fleuves de l'avenir, qui, sous un autre nom, sont quelquefois les mêmes.

Guérin et Hurteloup lui étaient sympathiques ; mais on conçoit qu'ils ne pussent lui être une société ; entre eux et lui, il n'y avait pas beaucoup de conversation possible. Le petit Emmanuel l'occupait davantage ; il venait chez lui maintenant presque chaque soir. Depuis l'entretien magique, une révolution s'était faite chez l'enfant. Il s'était jeté dans la lecture avec une fureur de savoir. Il sortait de ses livres, ahuri, abruti. Il semblait moins intelligent qu'avant ; il parlait à peine ; Olivier n'arrivait plus à en arracher que des monosyllabes ; à ses questions, l'enfant répondait des âneries. Olivier se décourageait ; il tâchait de n'en rien montrer ; mais il croyait qu'il s'était trompé et que le petit était tout à fait stupide. Il ne voyait pas le travail formidable d'incubation fiévreuse, qui s'opérait dans les entrailles de cette âme. Il était d'ailleurs un mauvais pédagogue, plus capable de jeter au hasard dans les champs les poignées de bon grain que de sarcler la terre et de creuser les sillons. La présence de Christophe ajoutait encore au trouble. Olivier éprouvait une gêne à exhiber devant son ami son petit protégé ; il était honteux de la bêtise d'Emmanuel, qui devenait accablante quand Jean-Christophe était là. L'enfant se renfermait alors dans un mutisme farouche. Il haïssait Christophe, parce qu'Olivier l'aimait ; il ne supportait pas qu'un autre eût place dans le cœur de son maître. Ni Christophe ni Olivier ne se doutait de la frénésie d'amour et de jalousie qui rongeait cette âme d'enfant. Cependant, Christophe avait passé par là, jadis. Mais il ne se reconnaissait pas en cet être, fabriqué d'un autre métal que le sien. En cet amalgame obscur d'hérédités malsaines, tout, l'amour et la haine et le génie latent, rendait un autre son.

Le premier Mai approchait. Une rumeur inquiète parcourait Paris. Les matamores de la C. G. T. contribuaient à la répandre. Leurs journaux annonçaient le grand jour arrivé, convoquaient les milices ouvrières, et lançaient le mot d'épouvante qui atteint les bourgeois à l'endroit le plus sensible : au ventre... *Feri ventrem...* Ils les menaçaient de la grève générale. Les Parisiens épeurés partaient pour la campagne, ou s'approvisionnaient comme pour un siège. Christophe avait rencontré Canet, dans son auto, rapportant deux jambons et un sac de pommes de terre ; il était hors de lui ; il ne savait plus au juste de quel parti il était ; on le voyait tour à tour vieux républicain, royaliste et révolutionnaire. Son culte de la violence était une boussole affolée, dont l'aiguille sautait du nord au midi et du midi au nord. En public, il continuait de faire chorus aux rodomontades de ses amis ; mais il eût pris *in petto* le premier dictateur venu, pour balayer le spectre rouge.

Christophe riait de cette universelle poltronnerie. Il était convaincu qu'il ne se produirait rien. Olivier en était moins sûr. De sa naissance bourgeoise, il lui restait toujours quelque chose de ce petit tremblement éternel que cause à la bourgeoisie le souvenir et l'attente de la Révolution.

— Allons donc ! disait Christophe, tu peux dormir tranquille. Elle n'est pas pour demain, ta Révolution. Vous en avez tous peur. La peur des coups. Elle est partout. Chez les bourgeois, dans le peuple, dans toute la nation, dans toutes les nations d'Occident. On n'a plus assez de sang, on a peur de le verser. Depuis quarante ans, tout se passe en paroles et en articles de journaux. Regarde un peu votre fameuse Affaire. Avez-vous assez crié : « Mort ! Sang ! Carnage ! »… Ô cadets de Gascogne ! Que de salive et d'encre ! Combien de gouttes de sang ?

— Ne t'y fie pas, disait Olivier. Cette peur du sang, c'est l'instinct secret qu'au premier sang versé, la bête verra rouge, la brute reparaîtra sous le civilisé ; et Dieu sait alors qui la pourra museler ! Chacun hésite devant la guerre ; mais quand la guerre éclatera, elle sera atroce.

Christophe haussait les épaules, et disait que ce n'était pas pour rien que l'époque avait pour héros Cyrano le hâbleur et le poulet fanfaron, Chantecler, les héros qui mentent.

Olivier hochait la tête. Il savait qu'en France hâbler est le commencement de l'action. Toutefois, il ne croyait pas plus que Christophe à un mouvement prochain : on l'avait trop annoncé, et le gouvernement se tenait sur ses gardes. Il y avait lieu de croire que les stratèges syndicalistes remettraient le combat à un moment plus opportun.

Dans la seconde quinzaine d'avril, Olivier eut un accès de grippe ; elle le reprenait, chaque hiver, à peu près vers la même date, et elle réveillait une bronchite ancienne. Christophe s'installa chez lui, pour deux ou trois jours. Le mal fut assez léger et passa rapidement. Mais il amena, comme à l'ordinaire, chez Olivier, une fatigue morale et physique qui persista quelque temps après que la fièvre fut tombée. Il restait au lit, étendu, pendant des heures, et il n'avait pas envie de se lever, il n'avait pas envie de bouger ; il était là, regardant Christophe qui lui tournait le dos, assis à sa table, et travaillant.

Christophe s'absorbait dans son travail. Parfois, quand il était las d'écrire, il se levait brusquement et allait au piano ; il jouait, non pas ce qu'il avait écrit, mais ce qui lui venait sous les doigts. Alors se passait un phénomène étrange. Tandis que ce qu'il écrivait était conçu dans un style qui rappelait ses œuvres antérieures, ce qu'il jouait paraissait d'un autre homme. C'était un monde au souffle rauque et déréglé. Il y avait là un égarement, une incohérence violente ou brisée, qui ne rappelait en rien la puissante logique et l'ordre qui régnaient dans le reste de sa musique. Il semblait que ces improvisations irréfléchies, qui échappaient à l'œil de la conscience, qui jaillissaient de la chair plus que de la pensée, comme un cri d'animal, révélassent un déséquilibre de l'âme, un orage qui se préparait dans les profondeurs de l'avenir. Christophe ne s'en apercevait pas ; mais Olivier écoutait, regardait Christophe, et il était vaguement inquiet. Dans son état de faiblesse, il avait une pénétration singulière, une vue lointaine : il apercevait des choses que nul autre ne remarquait.

Christophe, plaquant un dernier accord, s'arrêta en sueur, un peu hagard ; il regarda Olivier avec des yeux encore troubles, se mit à rire, et retourna à sa table. Olivier lui demanda :

— Qu'est-ce que c'était, Christophe ?

— Rien du tout, dit Christophe. Je remue l'eau, pour attirer le poisson.

— Est-ce que tu vas écrire cela ?

— Cela ? Quoi, cela ?

— Ce que tu as dit.

— Et qu'est-ce que j'ai dit ? Je ne me souviens déjà plus.

— Mais à quoi pensais-tu ?

— Je ne sais pas, dit Christophe, se passant la main sur le front.

Il se remit à écrire. Le silence retomba dans la chambre des deux amis. Olivier continuait de regarder Christophe. Christophe sentait ce regard ; et il se retourna. Les yeux d'Olivier le couvaient avec tant d'affection !

— Paresseux ! dit-il gaiement.

Olivier soupira :

— Qu'as-tu ? demanda Christophe.

— Ô Christophe ! dire qu'il y a tant de choses en toi, là, près de moi, des trésors que tu donneras aux autres et dont je n'aurai pas ma part !...

— Est-tu fou ? Qu'est-ce qui te prend ?

— Quelle sera ta vie ? Par quels dangers, par quelles tristesses passeras-tu encore ?... Je voudrais te suivre, je voudrais être avec toi... Je ne verrai rien de tout cela. Je resterai stupidement en chemin.

— Pour stupide, tu l'es. Crois-tu, par hasard, que même si tu le voulais, je te laisserais en route ?

— Tu m'oublieras, dit Olivier.

Christophe se leva, et alla s'asseoir sur le lit, près d'Olivier ; il lui prit les poignets, moites d'une sueur de faiblesse. Le col de la chemise s'était ouvert ; on voyait la maigre poitrine, la peau trop transparente, frêle et tendue comme une voile qu'un souffle de vent gonfle et qui va se déchirer. Les robustes doigts de Christophe reboutonnèrent maladroitement le col. Olivier se laissait faire.

— Cher Christophe ! dit-il tendrement, j'ai eu pourtant un grand bonheur dans ma vie !

— Ah ! çà, qu'est-ce que ces idées ? dit Christophe, tu vas aussi bien que moi.

— Oui, dit Olivier.

— Alors, pourquoi dis-tu des sottises ?

— J'ai tort, fit Olivier, honteux et souriant. C'est cette grippe qui vous abat.

— Il faut se secouer. Houp ! Lève-toi.

— Pas maintenant. Plus tard.

Il restait à rêver. Le lendemain, il se leva. Mais ce fut pour continuer de rêvasser au coin du feu. Avril était doux et brumeux. À travers le voile tiède des brouillards argentés, les petites feuilles vertes dépliaient leurs cocons, les oiseaux invisibles chantaient le soleil caché. Olivier dévidait le fuseau de ses souvenirs. Il se revoyait enfant, dans le train qui l'emportait de sa petite ville, au milieu du brouillard, avec sa mère qui pleurait. Antoinette était seule, à l'autre coin du wagon... De délicats profils, des paysages fins, se peignaient au fond de ses yeux. De beaux vers venaient d'eux-mêmes agencer leurs syllabes et leurs rythmes chantants. Il était près de sa table ; il n'avait qu'à étendre le bras pour prendre sa plume et noter ces visions poétiques. Mais la volonté lui manquait ; il était las ; il savait que le parfum de ses rêves s'évaporerait dès qu'il voudrait les fixer. C'était toujours ainsi : le meilleur de lui-même ne pouvait s'exprimer ; son esprit était comme un vallon plein de fleurs ; mais presque personne n'en avait l'accès ; et dès qu'on les cueillait, les fleurs se flétrissaient. À peine quelques-unes avaient pu languissamment survivre, quelques frêles nouvelles, quelques pièces de vers, qui exhalaient une haleine suave et mourante. Cette impuissance artistique avait été longtemps un des plus gros chagrins d'Olivier. Sentir tant de vie en soi, que l'on ne peut pas sauver !... — Maintenant, il était résigné. Les fleurs n'ont pas besoin qu'on les voie, pour fleurir. Elles n'en sont que plus belles dans les champs où nulle main ne les cueille. Heureux, les champs en fleurs qui rêvent, au soleil !
— De soleil, il n'y en avait guère ; mais les rêves d'Olivier

n'en fleurissaient que mieux. Que d'histoires, tristes, tendres, fantasques, il se raconta, ces jours-là ! Elles venaient on ne sait d'où, voguaient comme des nuages blancs sur un ciel d'été, elles se fondaient dans l'air, d'autres leur succédaient ; il en était peuplé, Parfois, le ciel restait vide ; dans sa lumière, Olivier s'engourdissait, jusqu'au moment où de nouveau glissaient, leurs grandes ailes éployées, les barques silencieuses du rêve.

Le soir, le petit bossu venait. Olivier était si plein de ses histoires qu'il lui en dit une, souriant et absorbé. Que de fois, il parlait, ainsi, devant lui, sans que l'enfant soufflât mot ! On finissait par oublier sa présence... Christophe, qui arriva au milieu du récit, fut saisi de sa beauté, et demanda à Olivier de recommencer l'histoire. Olivier s'y refusa :

— Je suis comme toi, dit-il, je ne la sais, déjà plus.

— Ce n'est pas vrai, dit Christophe ; toi, tu es un diable de Français qui sait toujours tout ce qu'il dit et fait, tu n'oublies jamais rien.

— Hélas ! fit Olivier.

— Recommence, alors.

— Cela me fatigue. À quoi bon ?

Christophe était fâché.

— Ce n'est pas bien, dit-il. À quoi te sert ta pensée ? Ce que tu as, tu le jettes. C'est perdu pour jamais.

— Rien n'est perdu, dit Olivier.

Le petit bossu sortit de l'immobilité où il était resté pendant le récit d'Olivier, — tourné vers la fenêtre, les yeux vagues, la figure froncée, l'air hostile, sans qu'on pût deviner ce qu'il pensait. Il se leva et dit :

— Il fera beau, demain.

— Je parie, dit Christophe à Olivier, qu'il n'a même pas écouté.

— Demain, le premier Mai, continua Emmanuel, dont la figure maussade s'illuminait.

— C'est son histoire, à lui, dit Olivier. Tu me la conteras demain.

— Balivernes ! dit Christophe.

Le lendemain, Christophe vint prendre Olivier, pour faire une promenade dans Paris. Olivier était guéri ; mais il éprouvait toujours son étrange lassitude ; il ne tenait pas à sortir, il avait une crainte vague, il n'aimait pas se mêler à la foule. Son cœur et son esprit étaient braves ; mais la chair était débile. Il avait peur des cohues, des bagarres, de toutes les brutalités ; il savait trop qu'il était fait pour en être victime, sans pouvoir se défendre, sans même le vouloir : car il avait horreur de faire souffrir, autant que de souffrir.

Les corps maladifs frémissent plus que les autres devant la souffrance physique, parce qu'ils la connaissent mieux, parce qu'ils ont moins de ressort pour résister, et parce que leur imagination surexcitée la leur représente plus immédiate et plus saignante. Olivier rougissait de cette lâcheté de son corps, que contredisait le stoïcisme de sa volonté ; et il s'efforçait de la combattre. Mais, ce matin, tout contact avec les hommes lui était particulièrement pénible, il eût voulu rester enfermé, tout le jour. Christophe le semonça, le railla, voulut à tout prix qu'il sortît, pour s'arracher à sa torpeur : depuis dix jours, il n'avait pas pris l'air. Olivier faisait mine de ne pas entendre. Christophe dit :

— C'est bon, je m'en vais sans toi. Je vais voir leur premier Mai. Si je ne suis pas revenu ce soir, tu te diras que je suis coffré.

Il s'en alla. Dans l'escalier, Olivier le rejoignit. Il ne voulait pas laisser Christophe aller seul.

Peu de monde dans les rues. Quelques petites ouvrières, fleuries d'un brin de muguet. Des ouvriers endimanchés se promenaient, d'un air désœuvré. À des coins de rues, près de stations du Métro, des agents, par paquets, se tenaient dissimulés. Les grilles du Luxembourg étaient fermées. Le temps restait toujours brumeux et tiède. Il y avait si longtemps qu'on n'avait vu le soleil !... Les deux amis allaient au bras l'un de l'autre. Ils parlaient peu, mais ils s'aimaient bien. Quelques mots évoquaient des choses intimes et passées. Devant une mairie, ils s'arrêtèrent pour regarder le baromètre, qui avait une tendance à remonter.

— Demain, dit Olivier, je verrai le soleil.

Ils étaient tout près de la maison de Cécile. Ils pensèrent à entrer, pour embrasser l'enfant.

— Non, ce sera pour le retour.

De l'autre côté de l'eau, ils commencèrent à rencontrer plus de monde. Des promeneurs paisibles, des costumes et des visages du dimanche ; des badauds avec leurs enfants ; des ouvriers qui flânaient. Deux ou trois portaient à la boutonnière l'églantine rouge ; ils avaient l'air inoffensifs : c'étaient des révolutionnaires qui se forçaient à l'être ; on sentait chez eux un cœur bienveillant et optimiste, qui se satisfaisait des moindres occasions de bonheur ; qu'il fît beau, ou simplement passable, en ce jour de congé, ils en étaient reconnaissants... ils ne savaient trop à qui... à tout ce qui les entourait. Ils allaient sans se presser, épanouis, admirant les bourgeons des arbres, les jolies toilettes des petites filles qui passaient ; ils disaient avec orgueil :

— Il n'y a qu'à Paris qu'on peut voir des enfants aussi bien habillés que ça.

Christophe plaisantait le fameux mouvement prédit... Bonnes gens !... Il avait de l'affection pour eux, avec un grain de mépris.

À mesure qu'ils avançaient, la foule s'épaississait. De louches figures blêmes, des gueules crapuleuses, se glissaient dans le courant, aux aguets, attendant l'heure et la proie à happer. La bourbe était remuée. À chaque pas, la rivière se faisait plus trouble. Maintenant, elle coulait, opaque et lourde. Comme des bulles d'air venues du fond qui montent à la surface grasse, des voix qui s'appelaient, des coups de sifflet, des cris de camelots, perçaient le bruissement de cette multitude et en faisaient mesurer les couches amoncelées. Au bout de la rue, près du restaurant d'Aurélie, c'était un bruit d'écluses. La foule se brisait contre des barrages de police et de troupes. Devant l'obstacle, elle formait une masse pressée, qui houlait, sifflait, chantait, riait, avec des remous contradictoires... Rire du peuple, seul moyen d'exprimer mille sentiments obscurs et profonds, qui ne peuvent trouver un débouché par les mots !...

Cette multitude n'était pas hostile. Elle ignorait ce qu'elle voulait. En attendant qu'elle le sût, elle s'amusait, — à sa façon, nerveuse, brutale, sans méchanceté encore, — elle s'amusait à pousser et à être poussée, à insulter les agents ou à s'insulter soi-même. Mais peu à peu, elle s'énervait. Ceux qui venaient par derrière, impatientés de ne rien voir, étaient d'autant plus provocants qu'ils avaient moins à risquer, sous le couvert de ce bouclier humain. Ceux qui étaient devant, écrasés entre ceux qui poussaient et ceux qui résistaient, s'exaspéraient d'autant plus que leur situation devenait intolérable ; la force du courant qui les pressait centuplait leur propre force. Et tous, à mesure qu'ils étaient plus serrés les uns contre les autres, comme un bétail, sentaient la chaleur du troupeau qui leur pénétrait la poitrine et les reins ; et il leur semblait qu'ils ne formaient qu'un seul bloc ; et chacun était tous, chacun était un géant avec les bras de Briarée. Une vague de sang refluait, par moments, au cœur du monstre à mille têtes ; les regards se faisaient haineux, et les cris meurtriers. Des individus qui se dissimulaient, au troisième ou au quatrième rang, commencèrent à jeter des pierres. Aux fenêtres des maisons, des familles regardaient ; elles se croyaient au spectacle ; elles excitaient la foule, et attendaient, avec un petit frémissement d'impatience angoissée, que la troupe chargeât.

Au milieu de ces masses compactes, à coups de genoux et de coudes, Christophe se frayait son chemin, comme un coin. Olivier le suivait. Le bloc vivant s'entrouvrait, un instant, pour les laisser passer, et se refermait aussitôt derrière eux. Christophe jubilait. Il avait complètement oublié que, cinq minutes avant, il niait la possibilité d'un mouvement populaire. À peine avait-il mis la jambe dans le courant qu'il avait été happé : étranger à cette foule française et à ses revendications, il s'y était subitement fondu ; peu lui importait ce qu'elle voulait : il voulait ; peu lui importait où il allait : il allait, respirant ce souffle de démence.

Olivier suivait, entraîné, mais sans joie, lucide, ne perdant jamais la conscience de soi, mille fois plus étranger que Christophe aux passions de ce peuple qui était le sien, et emporté pourtant par elles, comme une épave. La maladie, qui l'avait affaibli, détendait ses liens avec la vie. Qu'il se sentait loin de ces gens !... Comme il était sans délire et que son esprit était libre, les plus petits détails des choses s'inscrivaient en lui. Il regardait avec délices la nuque dorée d'une fille devant lui, son cou pâle et fin. Et en même temps, l'acre odeur qui fermentait de ces corps entassés l'écœurait.

— Christophe ! supplia-t-il.

Christophe n'écoutait pas.

— Christophe !

— Hé ?

— Rentrons.

— Tu as peur ? dit Christophe.

Il continua son chemin. Olivier, avec un sourire triste, le suivit.

À quelques rangs devant eux, dans la zone dangereuse où le peuple refoulé formait comme une barre, il aperçut juché sur le toit d'un kiosque à journaux son ami le petit bossu. Accroché des deux mains, accroupi dans une pose incommode, il regardait en riant par delà la muraille des troupes ; et il se retournait vers la foule, d'un air de triomphe. Il remarqua Olivier, et lui adressa un regard rayonnant ; puis, il se mit de nouveau à épier là-bas, du côté de la place, avec des yeux élargis d'espoir, attendant... Quoi donc ? — Ce qui devait venir... Il n'était pas le seul. Tant d'autres, autour de lui, attendaient le miracle ! Et

Olivier, regardant Christophe, vit que Christophe attendait aussi.

Il appela l'enfant, lui cria de descendre. Emmanuel fit mine de ne pas entendre, et ne le regarda plus. Il avait vu Christophe. Il était bien aise de s'exposer dans la bagarre, en partie pour montrer son courage à Olivier, en partie pour le punir de ce qu'il était avec Christophe.

Cependant, ils avaient retrouvé dans la foule quelques-uns de leurs amis, — Coquard à la barbe d'or, qui, lui, n'attendait rien que quelques bousculades, et qui, d'un œil expert, surveillait le moment où le vase allait déborder. Plus loin, la belle Berthe, qui échangeait des mots verts avec ses voisins, en se faisant peloter. Elle avait réussi à se glisser au premier rang, et elle s'enrouait à insulter les agents. Coquard s'approcha de Christophe. Christophe, en le voyant, retrouva sa gouaillerie :

— Qu'est-ce que j'avais dit ? Il ne se passera rien du tout.

— Savoir ! dit Coquard. Ne restez pas trop là. Ça ne tardera pas à se gâter.

— Quelle blague ! fit Christophe.

À ce moment précis, les cuirassiers, lassés de recevoir des pierres, avancèrent pour déblayer les entrées de la place ; les brigades centrales marchaient devant, au pas de course. Aussitôt, la débandade commença. Selon le mot de l'Évangile, les premiers furent les derniers. Mais ils s'appliquèrent à ne pas le rester longtemps. Pour se dédommager de leur déroute, les fuyards furieux huaient ceux qui les poursuivaient, et criaient : « Assassins ! » avant que le premier coup eût été porté. Berthe filait entre les rangs, comme une anguille, et poussait des cris aigus. Elle rejoignit ses amis ; et à l'abri derrière le vaste dos de Coquard, elle reprit haleine, se serra contre Christophe, lui pinça le bras, par peur ou pour toute autre raison, décocha une œillade à Olivier, et montra le poing à l'ennemi, en glapissant. Coquard prit Christophe par le bras, et lui dit :

— Allons chez Aurélie.

Ils n'avaient que quelques pas à faire. Avec Graillot et quelques ouvriers, Berthe les y avait précédés. Christophe allait entrer, suivi par Olivier. La rue était en dos d'âne, Du trottoir, devant la crèmerie, on dominait, la chaussée du haut de cinq à six marches. Olivier respirait, sorti du flot. Il répugna à l'idée de se retrouver dans l'atmosphère empestée du cabaret et les braillements de ces énergumènes. Il dit à Christophe :

— Je vais à la maison.

— Va, mon petit, dit Christophe, je te rejoindrai dans une heure.

— Ne t'expose plus, Christophe !

— Trembleur ! fit Christophe, en riant.

Il entra dans la crèmerie.

Olivier allait tourner l'angle de la boutique, Quelques pas encore, et il était dans une ruelle transversale qui l'éloignait de la bousculade. L'image de son petit protégé lui traversa l'esprit. Il se retourna et le chercha des yeux. Il l'aperçut, à l'instant précis où Emmanuel, qui s'était laissé choir de son poste d'observation, roulait par terre, bousculé par la foule ; les fuyards passaient dessus ; les agents arrivaient. Olivier ne réfléchit point : il sauta en bas des marches, et courut au secours. Un terrassier vit le danger, les sabres dégainés, Olivier qui tendait la main à l'enfant pour le relever, le flot brutal des agents qui les renversait tous deux. Il cria et se précipita, à son tour. Des camarades le suivirent en courant. D'autres, qui étaient sur le seuil du cabaret. Puis, à leurs appels, les autres qui étaient rentrés. Les deux bandes se prirent à la gorge, comme des chiens. Et les femmes, restées en haut des marches, hululaient. — Ainsi, le petit bourgeois aristocrate déclencha le ressort de la bataille, que nul ne voulait moins que lui.

Christophe, entraîné par les ouvriers, s'était jeté dans la bagarre, sans savoir qui l'avait causée. Il était à cent lieues de penser qu'Olivier s'y trouvait mêlé. Il le croyait bien loin déjà, tout à fait à l'abri. Impossible de rien voir du combat. Chacun avait assez à faire de regarder qui l'attaquait. Olivier avait disparu dans le tourbillon, telle une barque qui coule au fond. Un coup de pointe, qui ne lui était pas destiné, l'avait atteint au sein gauche ; il venait de tomber ; la foule le piétinait. Christophe avait été balayé par un remous jusqu'à l'autre extrémité du champ de bataille. Il n'y apportait aucune animosité ; il se laissait pousser et poussait avec allégresse, ainsi que dans une foire de village. Il pensait si peu à la gravité des choses qu'il eut l'idée bouffonne, empoigné par un agent à la carrure énorme et l'empoignant à bras-le-corps, de lui dire :

— Un tour de valse, mademoiselle ?

Mais un second agent lui ayant sauté sur le dos, il se secouait comme un sanglier, et il les bourrait de coups de poing tous les deux : il n'entendait pas se laisser prendre. L'un de ses adversaires, celui qui l'avait saisi par derrière, roula sur les pavés. L'autre, furieux, dégaina. Christophe vit la pointe du sabre à deux doigts de sa poitrine ; il l'esquiva et, tordant le poignet de l'homme, il tâcha de lui arracher l'arme. Il ne comprenait plus ; jusqu'à ce moment, ce lui avait semblé un jeu. Ils restaient là à lutter, et ils se soufflaient au visage. Il n'eut pas le temps de réfléchir. Il aperçut le meurtre dans les yeux de l'autre ; et le meurtre s'éveilla en lui. Il vit qu'il allait être égorgé comme un mouton. D'un brusque mouvement, il retourna le poignet et le sabre contre la poitrine de l'homme ; il enfonça, il sentit qu'il tuait, il tua. Et soudain, tout changea, à ses yeux ; il était ivre, il hurla.

Ses cris produisirent un effet inimaginable. La foule avait flairé le sang. En un instant, elle devint une meute féroce. On tirait, de tous côtés. Aux fenêtres des maisons parut le drapeau rouge. Et le vieil atavisme des révolutions parisiennes fit surgir une barricade. La rue fut dépavée, des becs de gaz tordus, des arbres abattus, un omnibus renversé. On utilisa une tranchée ouverte depuis des mois pour les travaux du Métropolitain. Les grilles de fonte, autour des arbres, brisées en morceaux, fournirent des projectiles. Des armes sortaient des poches et du fond des maisons. En moins d'une heure, ce fut l'insurrection : tout le quartier en état de siège. Et sur la barricade, Christophe, méconnaissable, hurlait son chant révolutionnaire, que vingt voix répétaient.

Olivier avait été porté chez Aurélie. Il était sans connaissance. On l'avait déposé dans l'arrière-boutique sombre, sur un lit. Au pied, le petit bossu se tenait, atterré. Berthe avait eu d'abord une grosse émotion : elle avait cru, de loin, que Graillot était blessé, et son premier cri, en reconnaissant Olivier, avait été :

— Quel bonheur ! Je croyais que c'était Léopold.

Maintenant apitoyée, elle embrassait Olivier, et lui soutenait la tête sur l'oreiller. Avec sa tranquillité habituelle, Aurélie avait défait les vêtements et appliquait un premier pansement. Manousse Heimann se trouvait là fort à propos, avec Canet, son inséparable. Par curiosité, comme Christophe, ils étaient venus regarder la manifestation ; ils avaient assisté à la bagarre et vu tomber Olivier. Canet pleurait comme un veau ; et en même temps, il pensait :

— Que suis-je venu faire dans cette galère ?

Manousse examina le blessé ; tout de suite, il le jugea perdu. Il avait de la sympathie pour Olivier ; mais il n'était pas homme à s'attarder sur ce qu'il ne pouvait changer ; et il ne s'occupa plus de lui, pour songer à Christophe. Il admirait Christophe, tout en le regardant comme un cas pathologique. Il savait ses idées sur la Révolution ; et il voulait l'arracher au danger stupide que Christophe courait pour une cause qui n'était pas la sienne. Le risque de se faire casser la tête dans l'échauffourée n'était pas le seul : si Christophe était pris, tout le désignait à des représailles. On l'en avait prévenu depuis longtemps, la police le guettait ; on lui ferait endosser non seulement ses sottises, mais aussi celles des autres. Xavier Bernard, que Manousse venait de rencontrer, rôdant parmi la foule, autant par amusement que par devoir professionnel, lui avait fait signe en passant, et lui avait dit :

— Votre Krafft est idiot. Croiriez-vous qu'il est en train de faire le joli cœur sur la barricade ! Nous ne le raterons pas, cette fois. Nom de Dieu ! Faites-le filer.

Plus facile à dire qu'à faire. Si Christophe venait à savoir qu'Olivier était mourant, il deviendrait fou furieux, il tuerait, il serait tué. Manousse dit à Bernard :

— S'il ne part pas sur-le-champ, il est perdu. Je vais l'enlever.

— Comment ?

— Dans l'auto de Canet, qui est là, au coin de la rue.

— Mais pardon, pardon… dit Canet, suffoqué.

— Tu le mèneras à Laroche, continua Manousse. Vous arriverez à temps pour l'express de Pontarlier. Tu l'emballeras pour la Suisse.

— Il ne voudra jamais.

— Il voudra. Je vais lui dire que Jeannin l'y rejoindra, qu'il est déjà parti.

Sans écouter les objections de Canet, Manousse alla chercher Christophe sur la barricade. Il n'était pas fort brave, il faisait le gros dos, chaque fois qu'il entendait un coup de feu ; et il comptait les pavés sur lesquels il marchait, — (nombre pair ou impair) — pour savoir s'il serait tué. Mais il ne recula pas, il alla jusqu'au bout. Quand il arriva, Christophe, juché sur une roue de l'omnibus renversé, s'amusait à tirer en l'air des coups de revolver. Autour de la barricade, la tourbe de Paris, vomie des pavés, avait grossi comme l'eau sale d'un égout après une forte pluie. Les premiers combattants étaient noyés par elle. Manousse héla Christophe, qui lui tournait le dos. Christophe n'entendit pas. Manousse grimpa vers lui, le tira par la manche. Christophe le repoussa, faillit le faire tomber. Manousse, tenace, de nouveau se hissa, et cria :

— Jeannin…

Dans le vacarme, le reste de la phrase se perdit. Christophe se tut brusquement, laissa tomber son revolver, et, dégringolant de son échafaudage, il rejoignit Manousse, qui l'entraîna.

— Il faut fuir, dit Manousse.

— Où est Olivier ?

— Il faut fuir, répéta Manousse.

— Pourquoi diable ? dit Christophe.

— Dans une heure, la barricade sera prise. Ce soir, vous serez arrêté.

— Et qu'est-ce que j'ai fait ?

— Regardez vos mains... Allons !... Votre affaire est claire, on ne vous épargnera pas. Tous vous ont reconnu. Pas un instant à perdre.

— Où est Olivier ?

— Chez lui.

— Je vais le rejoindre.

— Impossible. La police vous attend, à la porte. Il m'envoie vous prévenir. Filez.

— Où voulez-vous que j'aille ?

— En Suisse. Canet vous enlève dans son auto.

— Et Olivier ?

— Nous n'avons pas le temps de causer...

— Je ne pars pas sans le voir.

— Vous le verrez là-bas. Il vous retrouvera demain. Il prend le premier train. Vite ! Je vous expliquerai.

Il empoigna Christophe. Christophe, étourdi par le bruit et par le vent de folie qui venait de souffler en lui, incapable de comprendre ce qu'il avait fait et ce qu'on demandait de lui, se laissa entraîner. Manousse le prit par un bras, de l'autre main prit Canet, qui n'était pas ravi du rôle qu'on lui attribuait dans l'affaire ; et il les installa dans l'auto. Le bon Canet eût été navré que Christophe fût pris ; mais il eût préféré que ce fût un autre que lui qui le sauvât. Manousse le connaissait. Et comme sa poltronnerie lui inspirait quelque doute, sur le point de les quitter, au moment où l'auto s'ébrouait pour partir, il se ravisa soudain, et monta auprès d'eux.

Olivier n'avait pas repris connaissance. Il n'y avait plus dans la chambre qu'Aurélie et le petit bossu. La triste chambre, sans air et sans lumière ! Il faisait presque nuit… Olivier, un instant, émergea de l'abîme. Sur sa main il sentit les lèvres et les larmes d'Emmanuel. Il sourit faiblement, et mit avec effort sa main sur la tête de l'enfant. Comme sa main était lourde !… Il disparut de nouveau…

Près de la tête du mourant, sur l'oreiller, Aurélie avait placé un petit bouquet du premier Mai, quelques brins de muguet. Un robinet mal fermé s'égouttait dans la cour, sur un seau. Des images tremblèrent, une seconde, au fond de la pensée, comme une lumière qui va s'éteindre… Une maison de province, des glycines aux murs ; un jardin, où un enfant jouait : il était couché sur une pelouse ; un jet d'eau s'égrenait dans la vasque de pierre. Une petite fille riait…

DEUXIÈME PARTIE

Ils sortirent de Paris. Ils traversèrent les vastes plaines ensevelies dans le brouillard. C'était par un soir semblable que Christophe, dix ans avant, était arrivé à Paris. Il était fugitif alors, comme aujourd'hui. Mais alors, il vivait, celui qui l'avait aimé ; et Christophe fuyait vers lui…

Pendant la première heure, Christophe était encore dans l'excitation de la lutte : il parlait beaucoup et fort ; il racontait, d'une façon saccadée, ce qu'il avait vu et fait ; il était fier de ses prouesses, et n'avait aucun remords. Manousse et Canet parlaient aussi, pour l'étourdir. Peu à peu, la fièvre tomba, et Christophe se tut ; ses deux compagnons continuèrent seuls de parler. Il était un peu ahuri par les aventures de l'après-midi, mais nullement abattu. Il se souvint du temps où il était venu en France, fuyant déjà, fuyant toujours. Cela le fit rire. C'était sans doute sa destinée. Quitter Paris ne lui causait pas de peine : la terre était vaste ; les hommes sont partout les mêmes. Où qu'il fût, il ne lui importait guère, pourvu qu'il fût avec son ami. Il comptait le rejoindre, le matin suivant. On le lui avait promis.

Ils arrivèrent à Laroche. Manousse et Canet ne le quittèrent point qu'ils ne l'eussent vu dans le train qui partait. Christophe se fit répéter l'endroit où il devait descendre, et le nom de l'hôtel, et la poste où il trouverait des nouvelles. Malgré eux, en le quittant, ils avaient des mines funèbres. Christophe leur serra gaiement la main.

— Allons, leur cria-t-il, ne faites pas ces figures d'enterrement. On se reverra, que diable ! Ce n'est pas une affaire ! Nous vous écrirons demain.

Le train partit. Ils le regardèrent s'éloigner.

— Le pauvre diable ! dit Manousse.

Ils remontèrent dans l'auto. Ils se taisaient. Au bout de quelque temps, Canet dit à Manousse :

— Je crois que nous venons de commettre un crime.

Manousse ne répondit rien d'abord, puis il dit :

— Bah ! les morts sont morts. Il faut sauver les vivants.

Avec la nuit qui était venue, l'excitation de Christophe tomba tout à fait. Rencogné dans un angle de son compartiment, il méditait, dégrisé et glacé. En regardant ses mains, il y vit du sang qui n'était pas le sien. Il eut un frisson de dégoût. La scène du meurtre reparut. Il se rappela qu'il avait tué ; et il ne savait plus pourquoi. Il recommença à se raconter la scène de la bataille ; mais il la voyait, cette fois, avec de tout autres yeux. Il ne comprenait plus comment il y avait été mêlé. Il reprit le récit de la journée, depuis l'instant où il était sorti de la maison avec Olivier ; il refit avec lui le chemin à travers Paris, jusqu'au moment où il avait été aspiré dans le tourbillon. À ce moment, il cessait de comprendre ; la chaîne de ses pensées se rompait : comment avait-il pu crier, frapper, vouloir avec ces hommes dont il désapprouvait la foi ? Ce n'était pas lui, ce n'était pas lui !... Éclipse totale de sa volonté !... Il en était stupéfait et honteux. Il n'était donc pas son maître ? Et qui était son maître ?... Il était emporté par l'express dans la nuit ; et la nuit intérieure où il était emporté n'était pas moins sombre, ni la force inconnue moins vertigineuse... Il s'efforça de secouer son trouble ; mais ce fut pour changer de souci. À mesure qu'il approchait du but, il pensait davantage à Olivier ; et il commençait à avoir une inquiétude, sans raison.

Au moment d'arriver, il regarda par la portière si, sur le quai de la gare, la chère figure connue... Personne. Il descendit, regardant toujours autour de lui. Une ou deux fois, il eut l'illusion... Non, ce n'était pas « lui ». Il alla à l'hôtel convenu. Olivier n'y était point. Christophe n'avait pas lieu d'en être surpris : comment Olivier l'y eût-il devancé ?... Mais dès lors, l'angoisse de l'attente commença.

C'était le matin. Christophe monta dans sa chambre. Il redescendit. Il déjeuna. Il flâna dans les rues. Il affectait d'avoir l'esprit libre ; il regardait le lac, les étalages des boutiques ; il plaisantait avec la fille du restaurant, il feuilletait les journaux illustrés... Il ne s'intéressait à rien. La journée se traînait, lente et lourde. Vers sept heures du soir, Christophe qui, ne sachant que faire, avait dîné plus tôt et de mauvais appétit, remonta dans sa chambre, en priant qu'aussitôt que viendrait l'ami qu'il attendait, on le conduisît chez lui. Il s'assit devant sa table, le dos tourné à la porte. Il n'avait rien pour l'occuper, aucun bagage, aucun livre ; seulement un journal, qu'il venait d'acheter ; il se forçait à le lire ; son attention était ailleurs : il écoutait le bruit des pas dans le corridor. Tous ses sens étaient surexcités par la fatigue d'une journée d'attente et d'une nuit sans sommeil.

Brusquement, il entendit qu'on ouvrait la porte. Un sentiment indéfinissable fit qu'il ne se retourna pas d'abord. Il sentit une main s'appuyer sur son épaule. Alors il se retourna et vit Olivier, qui souriait. Il ne s'en étonna pas, et dit :

— Ah ! te voilà enfin !

Le mirage s'effaça.

Christophe se leva violemment, repoussant la table et sa chaise, qui tomba. Ses cheveux se hérissaient. Il resta un moment, livide, claquant des dents.

À partir de cette minute, — (il avait beau ne rien savoir, et se répéter : « Je ne sais rien ») — il sut tout ; il était sûr de ce qui allait venir.

Il ne put rester dans sa chambre. Il sortit dans la rue, il marcha pendant une heure. À son retour, dans le vestibule de l'hôtel, le portier lui remit une lettre. *La* lettre. Il était sûr qu'elle serait là. Sa main tremblait, en la prenant. Il remonta chez lui pour la lire. Il l'ouvrit, il vit qu'Olivier était mort. Et il s'évanouit.

La lettre était de Manousse. Elle disait qu'en lui cachant ce malheur, la veille, pour hâter son départ, ils n'avaient fait qu'obéir au vœu d'Olivier, qui voulait que son ami fût sauvé, — qu'il n'eût servi de rien à Christophe de rester, sinon à se perdre aussi, — qu'il lui fallait se conserver pour la mémoire de son ami, et pour ses autres amis, et pour sa propre gloire... etc... etc... Aurélie avait ajouté trois lignes de sa grosse écriture tremblée, pour dire qu'elle prendrait bien soin du pauvre petit monsieur...

Quand Christophe revint à lui, il eut une crise de fureur. Il voulait tuer Manousse. Il courut à la gare. Le vestibule de l'hôtel était vide, les rues désertes ; dans la nuit, les rares passants attardés ne remarquèrent pas cet homme aux yeux fous, qui haletait. Il était cramponné à son idée fixe, comme un bouledogue avec ses crocs : « Tuer Manousse !

Tuer !... » Il voulut revenir à Paris. Le rapide de nuit était parti, une heure avant. Il fallait attendre au lendemain matin. Impossible d'attendre. Il prit le premier train qui partait dans la direction de Paris. Un train qui s'arrêtait à toutes les stations. Seul, dans le wagon, Christophe criait :

— Ce n'est pas vrai ! Ce n'est pas vrai !

À la deuxième station après la frontière française, le train s'arrêta tout à fait ; il n'allait pas plus loin. Christophe, frémissant de rage, descendit, demandant un autre train, questionnant, se heurtant à l'indifférence des employés à demi endormis. Quoi qu'il fît, il arriverait trop tard. Trop tard pour Olivier. Il ne parviendrait même pas à rejoindre Manousse. Il serait arrêté avant. Que faire ? Que vouloir ? Continuer ? Revenir ? À quoi bon ? À quoi bon ?... Il songea à se livrer à un gendarme qui passait. Un obscur instinct de vivre le retint, lui conseilla de retourner en Suisse. Aucun train ne partait plus, dans l'une ou l'autre direction, avant deux ou trois heures. Christophe s'assit dans la salle d'attente, ne put rester, sortit de la gare, prit une route au hasard dans la nuit. Il se trouva au milieu de la campagne déserte, — des prairies, coupées çà et là de bouquets de sapins, avant-garde d'une forêt. Il s'y enfonça. À peine y eut-il fait quelques pas qu'il se jeta par terre, et cria :

— Olivier !

Il se coucha en travers de la route, et sanglota.

Longtemps après, un sifflet de train, au loin, le fit se relever. Il voulut retourner à la gare. Il se trompa de chemin. Il marcha, toute la nuit. Que lui importait, ici ou là ? Marcher pour ne pas penser, marcher jusqu'à ce qu'on ne pense plus, jusqu'à ce qu'on tombe mort. Ah ! si l'on pouvait être mort !…

À l'aube, il se trouva dans un village français, très loin de la frontière. Toute la nuit il s'en était éloigné. Il entra dans une auberge, mangea voracement, repartit, marcha encore. Dans la journée, il s'écroula au milieu d'un pré, il y resta jusqu'au soir, endormi. Lorsqu'il se réveilla, une nouvelle nuit commençait. Sa fureur était tombée. Il ne lui restait qu'une douleur atroce, irrespirable. Il se traîna jusqu'à une ferme, demanda un morceau de pain, une botte de paille pour dormir. Le fermier le dévisagea, lui coupa une tranche de miche, le conduisit dans l'étable, l'enferma. Couché dans la litière, près des vaches à l'odeur fade, Christophe dévorait son pain. Son visage ruisselait de larmes, sa faim et sa douleur ne pouvaient s'apaiser. Cette nuit encore, le sommeil le délivra, pour quelques heures, de ses peines. Il se réveilla le lendemain, au bruit de la porte qui s'ouvrait. Il resta étendu, sans bouger. Il ne voulait plus revivre. Le fermier s'arrêta devant lui, et le regarda longuement ; il tenait à la main un papier sur lequel il jetait les yeux de temps en temps. Enfin l'homme fit un pas, et mit sous le nez de Christophe un journal. Son portrait, en première page.

— C'est moi, dit Christophe. Livrez-moi.

— Levez-vous, dit le fermier.

Christophe se leva. L'homme lui fit signe de le suivre. Ils passèrent derrière la grange, prirent un sentier qui tournait, au milieu des arbres fruitiers. Arrivés à une croix, le fermier montra un chemin à Christophe, et lui dit :

— La frontière est par là.

Christophe reprit sa route, machinalement. Il ne savait pourquoi il marchait. Il était si las, si brisé de corps et d'âme qu'il avait envie de s'arrêter, à chaque pas. Mais il sentait que s'il s'arrêtait, il ne pourrait plus repartir, il ne pourrait plus bouger de l'endroit où il serait tombé. Il marcha, tout le jour encore. Il n'avait plus un sou pour acheter du pain. D'ailleurs, il évitait de traverser les villages. Par un sentiment bizarre qui échappait à sa raison, cet homme qui voulait mourir avait peur d'être pris ; son corps était comme un animal traqué qui fuit. Ses misères physiques, la fatigue, la faim, une terreur obscure qui se levait de son être épuisé, étouffaient pour l'instant sa détresse morale. Il aspirait seulement à trouver un asile, où il lui fût permis de s'enfermer avec elle et de s'en repaître.

Il passa la frontière. Au loin, il vit une ville que dominaient des tours aux clochetons effilés et des cheminées d'usines, dont les longues fumées, comme des rivières noires, coulaient avec monotonie, toutes dans le même sens, sous la pluie, dans l'air gris. Il était près de tomber. À cet instant, il se rappela qu'il connaissait dans cette ville un docteur de son pays, un certain Erich Braun, qui lui avait écrit, l'an passé, après un de ses succès, pour se rappeler à lui. Si médiocre que fût Braun et si peu qu'il eût été mêlé à sa vie, Christophe, par un instinct de bête blessée, fit un suprême effort pour aller tomber chez quelqu'un qui ne fût pas tout à fait un étranger pour lui.

Sous le voile de fumées et de pluie, il entra dans la ville grise et rouge. Il marcha au travers, sans rien voir, demandant son chemin, se trompant, revenant sur ses pas, errant au hasard. Il était à bout de forces. Par une dernière tension de sa volonté bandée, il lui fallut gravir des ruelles escarpées des escaliers qui montaient au sommet d'une étroite colline, chargée de maisons serrées autour d'une église sombre. Soixante marches en pierre rouge, groupées par trois ou par six. Entre chaque groupe de marches, une plateforme exiguë pour la porte d'une maison. À chacune, Christophe reprenait haleine, en chancelant. Là-haut, au-dessus de la tour des corbeaux tournoyaient.

Enfin, il lut sur une porte le nom qu'il cherchait. Il frappa. — La ruelle était dans la nuit. De fatigue, il ferma les yeux. Nuit noire en lui… Des siècles passèrent.

La porte étroite s'entr'ouvrit. Sur le seuil parut une femme. Son visage était dans l'ombre ; mais sa silhouette se détachait sur le fond clair d'un petit jardin, que l'on apercevait au bout du long corridor, au couchant. Elle était grande, se tenait droite, sans parler, attendant qu'il parlât. Il ne voyait pas ses yeux ; il sentait leur regard. Il demanda le docteur Erich Braun, et se nomma. Les mots sortaient avec peine de sa gorge. Il était épuisé de fatigue, de soif et de faim. Sans un mot, la femme rentra ; et Christophe la suivit dans une pièce aux volets clos. Dans l'obscurité, il se heurta contre elle ; ses genoux et son ventre frôlèrent ce corps silencieux. Elle sortit et ferma la porte sur lui, le laissant seul, sans lumière. Il restait immobile, de crainte de renverser quelque chose, appuyé au mur, le front contre la paroi lisse ; ses oreilles bourdonnaient ; dans ses yeux, les ténèbres dansaient.

À l'étage au-dessus, une chaise remuée, des exclamations de surprise, une porte fermée avec fracas. De lourds pas descendirent l'escalier.

— Où est-il ? demandait une voix connue.

La porte de la chambre se rouvrit.

— Comment ! On l'a laissé dans l'obscurité ! Anna ! Sacrebleu ! Une lumière !

Christophe était si faible, il se sentait si perdu que le son de cette voix bruyante, mais cordiale, lui fit du bien, dans sa misère. Il saisit les mains qu'on lui tendait. La lumière était venue. Les deux hommes se regardèrent. Braun était petit ;

il avait la figure rouge avec une barbe noire, dure et mal plantée, de bons yeux qui riaient derrière des lunettes, un large front bosselé, ridé, tourmenté, inexpressif, des cheveux soigneusement collés au crâne et divisés par une raie qui descendait jusqu'à la nuque. Il était parfaitement laid ; mais Christophe éprouvait un bien-être à le regarder et à serrer ses mains. Braun ne cachait pas sa surprise.

— Bon Dieu ! qu'il est changé ! Dans quel état !

— Je viens de Paris, dit Christophe. Je me suis sauvé.

— Je sais, je sais, nous avons vu dans le journal, on disait que vous étiez pris. Dieu soit loué ! Nous avons bien pensé à vous, Anna et moi.

Il s'interrompit, et montrant à Christophe la figure silencieuse qui l'avait accueilli dans la maison :

— Ma femme.

Elle était restée à l'entrée de la chambre, une lampe à la main. Un visage taciturne, au fort menton. La lumière tombait sur ses cheveux bruns aux reflets roux et sur ses joues, d'un teint mat. Elle tendit la main à Christophe, d'un geste raide, le coude serré au corps ; il la prit sans regarder. Il défaillait.

— Je suis venu… essaya-t-il d'expliquer J'ai pensé que voudriez bien… si je ne vous gêne pas trop… me recevoir, un jour…

Braun ne le laissa pas achever.

— Un jour !... Vingt jours, cinquante, autant qu'il vous plaira. Tant que vous serez dans ce pays, vous logerez dans notre maison ; et j'espère que ce sera longtemps. C'est un honneur et un bonheur pour nous.

Ces affectueuses paroles bouleversèrent Christophe. Il se jeta dans les bras de Braun.

— Mon bon Christophe, mon bon Christophe, disait Braun... Il pleure... Eh bien, qu'est-ce qu'il a donc ?... Anna ! Anna !... Vite, il s'évanouit...

Christophe s'était affaissé dans les bras de son hôte. La syncope qu'il sentait venir depuis quelques heures l'avait terrassé.

Quand il rouvrit les yeux, il était couché dans un grand lit. Une odeur de terre humide montait par la fenêtre ouverte. Braun était penché sur lui.

— Pardon, balbutia Christophe, en tâchant de se relever.

— Mais il meurt de faim, cria Braun.

La femme sortit, revint avec une tasse, le fit boire. Braun lui soutenait la tête. Christophe reprenait vie ; mais la fatigue était plus forte que la faim ; à peine la tête remise sur l'oreiller, il s'endormit. Braun et sa femme le veillèrent ; puis, voyant qu'il n'avait besoin que de repos, ils le laissèrent.

C'était un de ces sommeils qui semblent durer des années, sommeil accablé, accablant, comme du plomb au fond d'un lac. On est la proie de la lassitude accumulée et des hallucinations monstrueuses qui rôdent éternellement aux portes de la volonté. Il voulait s'éveiller, brûlant, brisé, perdu dans cette nuit inconnue ; il entendait des horloges sonner d'éternelles demies ; il ne pouvait respirer, ni penser, ni bouger ; il était ligoté, bâillonné, comme un homme que l'on noie, il voulait se débattre et retombait au fond. — L'aube arriva enfin, l'aube tardive et grise d'un jour pluvieux. L'intolérable chaleur qui le consumait tomba ; mais son corps gisait sous une montagne. Il se réveilla. Réveil terrible.

— Pourquoi ouvrir les yeux ? Pourquoi me réveiller ? Rester là, comme mon pauvre petit, qui est couché sous la terre…

Étendu sur le dos, il ne faisait pas un mouvement, bien qu'il souffrît de sa position dans le lit ; ses bras et ses jambes étaient lourds comme de la pierre. Il était dans un tombeau. Lumière blafarde. Quelques gouttes de pluie frappaient les carreaux. Un oiseau dans le jardin poussait de petits cris plaintifs. Ô misère de vivre ! Inutilité cruelle !…

Les heures s'écoulèrent. Braun entra. Christophe ne tourna pas la tête. Braun, lui voyant les yeux ouverts, l'interpella joyeusement ; et comme Christophe continuait de fixer le plafond, d'un regard morne, il entreprit de secouer sa mélancolie ; il s'assit sur le lit et bavarda bruyamment. Ce bruit était insupportable à Christophe. Il fit un effort, qui lui sembla surhumain, pour dire :

— Je vous en prie, laissez-moi.

Le brave homme changea de ton, aussitôt.

— Vous voulez être seul ? Comment donc ! Certainement. Restez bien tranquillement. Reposez-vous, ne parlez pas, on vous montera les repas, personne ne dira rien.

Mais il lui était impossible d'être bref. Après d'interminables explications, il quitta la chambre sur le bout de ses gros souliers qui faisaient craquer le parquet. Christophe resta de nouveau seul, enfoncé dans sa lassitude mortelle. Sa pensée se diluait dans un brouillard de souffrance. Il s'épuisait à comprendre… « Pourquoi l'avait-il connu ? Pourquoi l'avait-il aimé ? À quoi avait-il servi qu'Antoinette se dévouât ? Quel sens avaient toutes ces vies, toutes ces générations, — une telle somme d'épreuves et d'espoirs, — qui aboutissaient à cette vie et s'étaient engouffrées avec elle dans le vide ? »… Non-sens de la vie. Non-sens de la mort. Un être raturé, escamoté, toute une race disparue, sans qu'il en reste aucune trace. On ne sait ce qui l'emporte, de l'odieux ou du grotesque. Il lui venait un rire mauvais, rire de haine et de désespoir. Son impuissance d'une telle douleur, sa douleur d'une telle impuissance, le tuaient. Il avait le cœur broyé...

Nul bruit dans la maison, que les pas du docteur, sortant pour ses visites. Christophe avait perdu toute notion du temps, lorsque Anna parut. Elle portait le dîner sur un plateau. Il la regarda sans faire un mouvement, sans même remuer les lèvres, pour remercier ; mais dans ses yeux fixes, qui semblaient ne rien voir, l'image de la jeune femme se grava avec une netteté photographique. Longtemps après, quand il la connut mieux, c'est ainsi qu'il continua de la voir ; les images plus récentes ne parvinrent pas à effacer ce premier souvenir. Elle avait des cheveux épais, tirés en lourd chignon, le front bombé, de larges joues, le nez court et droit, les yeux obstinément baissés, ou qui, lorsqu'ils rencontraient d'autres yeux, se dérobaient avec une expression peu franche et sans bonté, les lèvres un peu grosses, serrées l'une contre l'autre, l'air butté, presque dur. Elle était grande, elle semblait robuste et bien faite, mais étriquée dans ses vêtements et raide dans ses mouvements. Elle alla sans bruit et sans parole, posa le plateau sur la table près du lit, et repartit, les bras collés au corps, le front baissé. Christophe ne songea pas à s'étonner de cette apparition étrange et un peu ridicule ; il ne toucha pas au dîner et continua de souffrir en silence.

Le jour passa. Le soir revint, et de nouveau Anna avec de nouveaux plats. Elle trouva intacts ceux qu'elle avait apportés, le matin ; et elle les remporta, sans une observation. Elle n'eut pas un de ces mots affectueux que toute femme trouve, d'instinct, pour s'adresser à un malade. Il semblait que Christophe n'existât pas pour elle, ou qu'elle-même existât à peine. Christophe éprouvait une sourde hostilité, en suivant, avec impatience cette fois, ses mouvements gauches et guindés. Pourtant, il lui était reconnaissant de ne pas essayer de parler. — Il le fut encore plus, quand il eut à subir, après son départ, l'assaut du docteur, qui venait de s'apercevoir que Christophe n'avait pas touché à son premier repas. Indigné contre sa femme de ce qu'elle ne l'eût pas fait manger de force, il voulait y contraindre Christophe. Pour avoir la paix, Christophe dut avaler quelques gorgées de lait. Après quoi, il lui tourna le dos.

La seconde nuit fut plus calme. Le lourd sommeil recouvrit Christophe de son néant. Plus de trace de l'odieuse vie. — Mais le réveil fut plus asphyxiant encore. Il se remémorait tous les détails de la fatale journée, la répugnance d'Olivier à sortir de la maison, ses instances pour rentrer, et il se disait avec désespoir :

« C'est moi qui l'ai tué. »…

Impossible de rester seul, enfermé, immobile, sous la griffe du sphinx aux yeux féroces, qui continuait de lui souffler au visage le vertige de ses questions, avec son souffle de cadavre. Il se leva, fiévreux ; il se traîna hors de la chambre, il descendit l'escalier ; il avait le besoin instinctif et peureux de se serrer contre d'autres hommes. Et dès qu'il entendit une autre voix, il eût voulu s'enfuir.

Braun était dans la salle à manger. Il accueillit Christophe avec ses démonstrations d'amitié ordinaires. Tout de suite, il se mit à l'interroger sur les événements parisiens. Christophe lui saisit le bras :

— Non, dit-il, ne me demandez rien. Plus tard... Il ne faut pas m'en vouloir. Je ne puis pas. Je suis las à mourir, je suis las...

— Je sais, je sais, dit Braun affectueusement. Les nerfs sont ébranlés. Ce sont les émotions des jours précédents. Ne parlez pas. Ne vous contraignez en rien. Vous êtes libre, vous êtes chez vous. On ne s'occupera pas de vous.

Il tint parole. Pour éviter de fatiguer son hôte, il tomba dans l'excès opposé : il n'osait plus causer, devant lui, avec sa femme ; on parlait à voix basse, on marchait sur le bout des pieds ; la maison devint muette. Il fallut que Christophe, agacé par cette affectation de silence chuchotant, priât Braun de continuer à vivre comme par le passé.

Les jours suivants, on ne s'occupa donc plus de Christophe. Il restait assis, pendant des heures, dans le coin d'une chambre, ou bien il circulait à travers la maison, comme un homme qui rêve. À quoi pensait-il ? Il n'eût pu le dire. À peine s'il avait encore la force de souffrir. Il était anéanti. La sécheresse de son cœur lui faisait horreur. Il n'avait qu'un désir : être enterré avec « lui », et que tout fût fini. — Une fois, il trouva la porte du jardin ouverte, et il sortit. Mais ce lui fut une sensation si pénible de se retrouver dans la lumière qu'il revint précipitamment et se barricada dans sa chambre, volets clos. Les jours de beau temps le torturaient, Il haïssait le soleil. La nature l'accablait de sa brutale sérénité. À table, il mangeait en silence ce que Braun lui servait, et, les yeux fixés sur la table, il restait sans parler. Braun lui montra, un jour, dans le salon, un piano ; Christophe s'en détourna avec terreur Tout bruit lui était odieux. Le silence, le silence, et la nuit !... Il n'y avait plus en lui qu'un vide immense et le besoin du vide. Fini de sa joie de vivre, de ce puissant oiseau de joie qui jadis s'élevait, par élans emportés, en chantant. Des journées, assis dans sa chambre, il n'avait d'autres sensations de sa vie que le pouls boiteux de l'horloge, dans la chambre voisine, qui lui semblait battre dans son cerveau. Et pourtant le sauvage oiseau de joie était encore en lui il avait de brusques envolées, il se cognait aux barreaux ; et c'était au fond de l'âme un affreux tumulte de douleur, — « le cri de détresse d'un être demeuré seul dans une vaste étendue dépeuplée... »

La misère du monde est qu'on n'y a presque jamais un compagnon. Des compagnes peut-être, et des amis de rencontre. On est prodigue de ce beau nom d'ami. En réalité, on n'a guère qu'un ami dans la vie. Et bien rares, ceux qui l'ont. Mais ce bonheur est si grand qu'on ne sait plus vivre, quand on ne l'a plus. Il remplissait la vie, sans qu'on y eût pris garde. Il s'en va : la vie est vide. Ce n'est pas seulement l'aimé qu'on a perdu, c'est toute raison d'aimer, toute raison d'avoir aimé. Pourquoi a-t-il vécu ? Pourquoi a-t-on vécu ?

Le coup de cette mort était d'autant plus terrible pour Christophe qu'elle le frappait à un moment où son être se trouvait déjà secrètement ébranlé. Il est, dans la vie, des âges où s'opère, au fond de l'organisme, un sourd travail de transformation ; alors, le corps et l'âme sont plus livrés aux atteintes du dehors ; l'esprit se sent affaibli, une tristesse vague le mine, une satiété des choses, un détachement de ce qu'on a fait, une incapacité de voir encore ce qu'on pourra faire d'autre. Aux âges où se produisent ces crises, la plupart des hommes sont liés par les devoirs domestiques : sauvegarde pour eux, qui leur enlève, il est vrai, la liberté d'esprit nécessaire pour se juger, s'orienter, se refaire une forte vie nouvelle. Que de tristesses cachées, que d'amers dégoûts !... ...Marche ! Marche ! Il te faut passer outre... La tâche obligée, le souci de la famille dont on est responsable, tient l'homme ainsi qu'un cheval qui dort debout et continue d'avancer, harassé, entre ses brancards. — Mais l'homme tout à fait libre n'a rien qui le soutienne, à ses heures de néant, et qui le force à marcher. Il va, par habitude ; il ne sait où il va. Ses forces sont troublées, sa conscience obscurcie. Malheur à lui si, dans ce moment où il est assoupi, un coup de tonnerre vient interrompre sa marche de somnambule ! Il risque de s'écrouler.

Quelques lettres de Paris, qui avaient fini par le joindre, arrachèrent pour un instant Christophe à son apathie désespérée. Elles venaient de Cécile et de madame Arnaud. Elles lui apportaient des consolations. Pauvres consolations. Consolations inutiles. Ceux qui parlent sur la douleur ne sont pas ceux qui souffrent. Elles lui apportaient surtout un écho de la voix disparue... Il n'eut pas le courage de répondre ; et les lettres se turent. Dans son abattement, il cherchait à effacer sa trace. Disparaître... La douleur est injuste : tous ceux qu'il avait aimés n'existaient plus pour lui. Un seul être existait : celui qui n'existait plus. Pendant des semaines, il s'acharna à le faire revivre ; il conversait avec lui ; il lui écrivait :

— « Mon âme, je n'ai pas reçu ta lettre aujourd'hui. Où es-tu ? Reviens, reviens, parle-moi, écris-moi !... »

Mais la nuit, malgré ses efforts, il ne parvenait pas à le revoir en rêve. On rêve peu à ceux qu'on a perdus, tant que leur perte nous déchire. Ils reparaissent plus tard, quand l'oubli vient.

Cependant, la vie du dehors s'infiltrait peu à peu dans ce tombeau de l'âme. Christophe commença par réentendre les divers bruits de la maison et s'y intéresser sans qu'il s'en aperçût. Il sut à quelle heure la porte s'ouvrait et se fermait, combien de fois dans la journée, et de quelles façons différentes, suivant les visiteurs. Il connut le pas de Braun ; il s'imaginait voir le docteur, au retour de ses visites, arrêté dans le vestibule, et accrochant son chapeau et son manteau, toujours de la même manière méticuleuse et maniaque. Et lorsqu'un des bruits accoutumés cessait de se faire entendre dans l'ordre prévu, il cherchait malgré lui la raison du changement. À table, il se mit à écouter machinalement la conversation. Il s'aperçut que Braun parlait presque toujours seul. Sa femme ne lui faisait que de brèves répliques. Braun n'était pas troublé du manque d'interlocuteurs ; il racontait, avec une bonhomie bavarde, les visites qu'il venait de faire et les commérages recueillis. Il arriva que Christophe le regardât, tandis que Braun parlait ; Braun en était tout heureux, et s'ingéniait à l'intéresser.

Christophe tâcha de se reprendre à la vie... Quelle fatigue ! Il se sentait si vieux, vieux comme le monde !... Le matin, quand il se levait, quand il se voyait dans la glace, il était las de son corps, de ses gestes, de sa forme stupide. Se lever, s'habiller, pourquoi ?... Il fit d'immenses efforts pour travailler : c'était à vomir. À quoi bon créer, puisque tout est destiné au néant ? La musique lui était devenue impossible. On ne juge bien de l'art — (et du reste) — que par le malheur. Le malheur est la pierre de touche. Alors seulement, on connaît ceux qui traversent les siècles, ceux qui sont plus forts que la mort. Bien peu résistent. On est frappé de la médiocrité de certaines âmes sur lesquelles on comptait — (aussi bien des artistes qu'on aimait, que des amis dans la vie). — Qui surnage ? Comme la beauté du monde sonne creux sous le doigt de la douleur !

Mais la douleur se lasse, et sa main s'engourdit. Les nerfs de Christophe se détendaient. Il dormait, dormait sans cesse. On eût dit qu'il ne parviendrait jamais à assouvir cette faim de dormir.

Et une nuit enfin, il eut un sommeil si profond qu'il ne s'éveilla que dans l'après-midi suivante. La maison était déserte. Braun et sa femme étaient sortis. La fenêtre était ouverte, l'air lumineux riait. Christophe se sentait déchargé d'un poids écrasant. Il se leva et descendit au jardin. Un rectangle étroit, enfermé dans de hauts murs, à l'aspect de couvent. Quelques allées sablées, entre des carrés de gazon et de fleurs bourgeoises ; un berceau où s'enroulaient une treille et des roses. Un filet d'eau minuscule s'égouttait d'une grotte en rocaille ; un acacia adossé au mur penchait ses branches odorantes sur le jardin voisin. Par delà s'élevait la vieille tour de l'église, en grès rouge. Il était quatre heures du soir. Le jardin se trouvait déjà dans l'ombre. Le soleil baignait encore la cime de l'arbre et le clocher rouge. Christophe s'assit sous la tonnelle, le dos tourné au mur, la tête renversée en arrière, regardant le ciel limpide parmi les entrelacs de la vigne et des roses. Il lui semblait s'éveiller d'un cauchemar. Un silence immobile régnait. Au-dessus de sa tête, une liane de roses languissamment pendait. Soudain, la plus belle s'effeuilla, expira ; la neige de ses pétales se répandit dans l'air. C'était comme une belle vie innocente qui mourait. Si simplement !... Dans l'esprit de Christophe, cela prit une signification d'une douceur déchirante. Il suffoqua ; et, se cachant la figure dans ses mains, il sanglota...

Les cloches de la tour sonnèrent. D'une église à l'autre, d'autres voix répondirent... Christophe n'eut pas conscience du temps qui s'écoula. Quand il releva la tête, les cloches s'étaient tues, le soleil avait disparu. Christophe était soulagé par ses larmes ; son esprit était comme lavé. Il écoutait en lui sourdre un filet de musique et regardait le fin croissant de lune glisser dans le ciel du soir. Un bruit de pas qui rentraient l'éveilla. Il remonta dans sa chambre, s'enferma à double tour, et il laissa couler la fontaine de musique. Braun l'appela pour dîner, il frappa à la porte, il essaya d'ouvrir : Christophe ne répondit pas. Braun, inquiet, regarda par la serrure, et se rassura, en voyant Christophe à demi couché sur sa table, au milieu de papiers qu'il noircissait.

Quelques heures après, Christophe, épuisé, descendit, et trouva dans la salle du bas le docteur qui l'attendait patiemment, en lisant. Il l'embrassa, lui demanda pardon de ses façons d'agir depuis son arrivée, et, sans que Braun l'interrogeât, il se mit à lui raconter les dramatiques événements des dernières semaines. Ce fut la seule fois qu'il lui en parla ; encore n'était-il pas sûr que Braun eût bien compris : car Christophe discourait sans suite, la nuit était avancée, et malgré sa curiosité, Braun mourait de sommeil. À la fin, — (deux heures sonnaient) — Christophe s'en aperçut. Ils se dirent bonne nuit.

À partir de ce moment, l'existence de Christophe se réorganisa. Il ne se maintint pas dans cet état d'exaltation passagère ; il revint à sa tristesse, mais à une tristesse normale, qui ne l'empêchait pas de vivre. Revivre, il le fallait bien ! Cet homme qui venait de perdre ce qu'il aimait le plus au monde, cet homme que son chagrin minait, qui portait la mort en lui, avait une telle force de vie, abondante, tyrannique, qu'elle éclatait en ses paroles de deuil, elle rayonnait de ses yeux, de sa bouche, de ses gestes. Mais au cœur de cette force, un ver rongeur s'était logé. Christophe avait des accès de désespoir. C'étaient des élancements. Il était calme, il s'efforçait de lire, ou il se promenait : brusquement, le sourire d'Olivier, son visage las et tendre... Un coup de couteau au cœur... Il chancelait, il portait la main à sa poitrine, en gémissant. Une fois, il était au piano, il jouait une page de Beethoven, avec sa fougue d'autrefois... Tout à coup, il s'arrêtait, il se jetait par terre et, s'enfonçant la figure dans les coussins d'un fauteuil, il criait :

— Mon petit...

Le pire était l'impression de « déjà vécu » : il l'avait, à chaque pas. Incessamment, il retrouvait les mêmes gestes, les mêmes mots, le retour perpétuel des mêmes expériences. Tout lui était connu, il avait tout prévu. Telle figure qui lui rappelait une figure ancienne allait dire — (il en était sûr d'avance) — disait les mêmes choses qu'il avait entendu dire à l'autre ; les êtres analogues passaient par des phases analogues, se heurtaient aux mêmes obstacles, et s'y usaient de même. S'il est vrai que « *rien ne lasse de la vie, comme le recommencement de l'amour* », combien plus ce recommencement de tout ! C'était hallucinant. — Christophe tâchait de n'y pas penser, puisqu'il était nécessaire de n'y pas penser pour vivre, et puisqu'il voulait vivre. Hypocrisie douloureuse, qui ne veut point se connaître, par honte, par piété même, invincible besoin de vivre qui se cache ! Sachant qu'il n'est pas de consolation, il se crée des consolations. Convaincu que la vie n'a pas de raisons d'être, il se forge des raisons de vivre. Il se persuade qu'il faut qu'il vive, alors que personne n'y tient que lui. Au besoin, il inventera que le mort l'encourage à vivre. Et il sait qu'il prête au mort les paroles qu'il veut lui faire dire. Misère !…

Christophe reprit sa route ; son pas sembla retrouver l'ancienne assurance ; sur sa douleur la porte du cœur se referma ; il n'en parlait jamais aux autres ; lui-même, il évitait de se trouver seul avec elle : il paraissait calme.

« *Les peines vraies*, dit Balzac, *sont en apparence tranquilles dans le lit profond qu'elles se sont fait, où elles semblent dormir, mais où elles continuent à corroder l'âme.* »

Qui eût connu Christophe et l'eut bien observé, allant, venant, causant, faisant de la musique, riant même — (il riait maintenant !) — eût senti qu'il y avait dans cet homme vigoureux, aux yeux brûlants de vie, quelque chose de détruit, au plus profond de la vie.

Du moment qu'il était rivé à la vie, il devait s'assurer les moyens de vivre. Il ne pouvait être question pour lui de quitter la ville. La Suisse était l'abri le plus sûr ; et où aurait-il trouvé hospitalité plus dévouée ? — Mais son orgueil ne pouvait s'accommoder de l'idée de rester à la charge d'un ami. Malgré les protestations de Braun, qui ne voulait rien accepter, il ne fut pas tranquille jusqu'à ce qu'il eût quelques leçons de musique qui lui permissent de payer une pension régulière à ses hôtes. Ce ne fut pas chose facile. Le bruit de son équipée révolutionnaire s'était répandu : et les familles bourgeoises répugnaient à introduire chez elles un homme qui passait pour dangereux, ou en tout cas pour extraordinaire, par conséquent pour peu « convenable ». Cependant, sa renommée musicale et les démarches de Braun réussirent à lui ouvrir l'accès de quatre ou cinq maisons moins timorées, ou plus curieuses, peut-être désireuses par snobisme artistique de se singulariser. Elles ne furent pas les moins attentives à le surveiller et à maintenir entre le maître et les élèves des distances respectables.

La vie s'arrangea chez Braun sur un plan méthodiquement réglé. Le matin, chacun allait à ses affaires : le docteur à ses visites, Christophe à ses leçons, Mme Braun au marché et à ses œuvres édifiantes. Christophe rentrait vers une heure, d'habitude avant Braun, qui défendait qu'on l'attendît ; et il se mettait à table avec la jeune femme. Cela ne lui était pas agréable : car elle ne lui était pas sympathique, et il ne trouvait rien à lui dire. Elle ne se donnait point de mal pour combattre cette impression, dont il lui était impossible de ne pas avoir conscience ; elle ne se mettait en frais ni de toilette, ni d'esprit ; jamais elle n'adressait la parole à Christophe, la première. La disgrâce spéciale de ses mouvements et de son habillement, sa gaucherie, sa froideur, eussent éloigné tout homme, sensible comme Christophe à la grâce féminine. Quand il se rappelait la spirituelle élégance des Parisiennes, il ne pouvait s'empêcher, en regardant Anna, de penser :

— Comme elle est laide !

Ce n'était pourtant pas juste ; et il ne tarda pas à remarquer la beauté de ses cheveux, de ses mains, de sa bouche, de ses yeux, — aux rares instants où il lui arrivait de rencontrer ce regard, qui se dérobait toujours. Mais son jugement n'en était pas modifié. Par politesse, il s'obligeait à lui parler ; il cherchait avec peine des sujets de conversation ; elle ne l'aidait en rien. Deux ou trois fois, il essaya de l'interroger sur sa ville, sur son mari, sur elle-même : il n'en put rien tirer. Elle répondait des choses banales ; elle faisait effort pour sourire ; mais cet effort se sentait d'une façon désagréable ; son sourire était contraint, sa voix sourde ; elle laissait tomber chaque mot ; chaque phrase était suivie d'un silence pénible. Christophe finit par lui parler le moins possible ; et elle lui en sut gré. C'était un soulagement pour tous deux, quand le docteur rentrait. Il était toujours de bonne humeur, bruyant, affairé, vulgaire, excellent homme. Il mangeait, buvait, parlait, riait abondamment. Avec lui, Anna causait un peu ; mais il n'était guère question, dans ce qu'ils disaient ensemble, que des plats qu'on mangeait et du prix de chaque chose. Parfois Braun s'amusait à la taquiner sur ses œuvres pieuses et les sermons du pasteur. Elle prenait alors un air raide, et se taisait, offensée, jusqu'à la fin du repas. Plus souvent, le docteur racontait ses visites ; il se complaisait à décrire certains cas répugnants, avec une joviale minutie qui mettait hors de lui Christophe. Celui-ci jetait sa serviette sur la table, et se levait avec des grimaces de dégoût qui faisaient la joie du narrateur. Braun cessait aussitôt, et apaisait son ami, en riant. Au repas suivant, il recommençait. Ces plaisanteries d'hôpital semblaient avoir le don d'égayer l'impassible Anna. Elle sortait de son silence par un rire brusque et nerveux, qui avait quelque chose d'animal. Peut-être n'éprouvait-elle pas moins de dégoût que Christophe pour ce dont elle riait.

L'après-midi, Christophe avait peu d'élèves. Il restait d'ordinaire à la maison, avec Anna, tandis que le docteur sortait. Ils ne se voyaient pas. Chacun travaillait, de son côté. Au début, Braun avait prié Christophe de donner quelques leçons de piano à sa femme, elle était, suivant lui, assez bonne musicienne. Christophe demanda à Anna de lui jouer quelque chose. Elle ne se fit aucunement prier, malgré le déplaisir qu'elle en avait ; mais elle y apporta son manque de grâce habituel : elle avait un jeu mécanique, d'une insensibilité inimaginable ; toutes les notes étaient égales ; nul accent nulle part ; ayant à tourner la page, elle s'arrêta froidement au milieu d'une phrase, ne se hâta point, et reprit à la note suivante. Christophe en fut si exaspéré qu'il eut peine à ne pas lui dire une grossièreté ; il ne put s'en défendre qu'en sortant avant la fin du morceau. Elle ne s'en troubla point, continua imperturbablement jusqu'à la dernière note, et ne se montra ni mortifiée, ni blessée de cette impolitesse ; à peine sembla-t-elle s'en être aperçue. Mais entre eux, il ne fut plus question de musique. Les après-midi où Christophe sortait, il arrivait que, rentrant à l'improviste, il trouvât Anna qui étudiait au piano, avec une ténacité glaciale et insipide, répétant sans se lasser la même mesure cinquante fois, et ne s'animant jamais. Jamais elle ne faisait de musique, quand elle savait Christophe à la maison. Elle employait aux soins du ménage tout le temps qu'elle ne consacrait pas à ses occupations religieuses. Elle cousait, recousait, reprisait, surveillait la domestique ; elle avait le souci maniaque de l'ordre et de la propreté. Son mari la tenait pour une brave femme, un peu baroque, —

« comme toutes les femmes », disait-il, — mais, « comme toutes les femmes », dévouée. Sur ce dernier point Christophe faisait *in petto* des réserves : cette psychologie lui semblait trop simpliste ; mais il se disait qu'après tout, c'était l'affaire de Braun ; et il n'y pensait plus.

On se réunissait le soir, après dîner Braun et Christophe causaient. Anna travaillait. Sur les prières de Braun, Christophe avait consenti à se remettre au piano ; et il jouait parfois jusqu'à une heure avancée, dans le grand salon mal éclairé qui donnait sur le jardin. Braun était dans l'extase... Qui ne connaît de ces gens passionnés pour des œuvres qu'ils ne comprennent point, ou qu'ils comprennent à rebours ! — (c'est bien pour cela qu'ils les aiment !) — Christophe ne se fâchait plus ; il avait déjà rencontré tant d'imbéciles dans la vie ! Mais, à certaines exclamations d'un enthousiasme saugrenu, il cessait de jouer et il remontait dans sa chambre, sans rien dire. Braun finit par comprendre, et il mit une sourdine à ses réflexions. D'ailleurs, son amour pour la musique était vite repu ; il n'en pouvait écouter avec attention plus d'un quart d'heure de suite ; il prenait son journal, ou bien il somnolait, laissant Christophe tranquille. Anna, assise au fond de la chambre, ne disait mot ; elle avait un ouvrage sur les genoux, et semblait travailler ; mais ses yeux étaient fixes et ses mains immobiles. Parfois, elle sortait sans bruit au milieu du morceau, et on ne la revoyait plus.

Ainsi passaient les journées. Christophe reprenait ses forces. La bonté lourde, mais affectueuse de Braun, le calme de la maison, la régularité reposante de cette vie domestique, le régime de nourriture singulièrement abondant, à la mode germanique, restauraient son robuste tempérament. La santé physique était rétablie ; mais la machine morale était toujours malade. La vigueur renaissante ne faisait qu'accentuer le désarroi de l'esprit qui ne parvenait pas à retrouver son équilibre, comme une barque mal lestée qui sursaute, au moindre choc.

Son isolement était profond. Il ne pouvait avoir aucune intimité intellectuelle avec Braun. Ses rapports avec Anna se réduisaient, à peu de choses près, aux saluts échangés le matin et le soir. Ses relations avec ses élèves étaient plutôt hostiles : car il leur cachait mal que ce qu'ils auraient eu de mieux à faire, c'était de ne plus faire de musique. Il ne connaissait personne. La faute n'en était pas uniquement à lui, qui depuis son deuil se terrait dans son coin. On le tenait à l'écart.

Il était dans une vieille ville, pleine d'intelligence et de force, mais d'orgueil patricien, renfermé en soi et satisfait de soi. Une aristocratie bourgeoise, qui avait le goût du

143

travail et de la haute culture, mais étroite, piétiste, tranquillement convaincue de sa supériorité et de celle de la cité, se complaisait en son isolement familial. De vastes familles aux vastes ramifications. Chaque famille avait son jour de réunion pour les siens. Pour le reste, elle s'entr'ouvrait à peine. Ces puissantes maisons, aux fortunes séculaires, n'éprouvaient nul besoin de montrer leur richesse. Elles se connaissaient : c'était assez ; l'opinion des autres ne comptait point. On voyait des millionnaires, mis comme de petits bourgeois, et parlant leur dialecte rauque aux expressions savoureuses, aller consciencieusement à leur bureau, tous les jours de leur vie, même à l'âge où les plus laborieux s'accordent le droit au repos. Leurs femmes s'enorgueillissaient de leur science domestique. Point de dot donnée aux filles. Les riches laissaient leurs enfants refaire, à leur tour, le dur apprentissage qu'eux-mêmes ils avaient fait. Une stricte économie pour la vie journalière. Mais un emploi très noble de ces grandes fortunes à des collections d'art, à des galeries de tableaux, à des œuvres sociales ; des dons énormes et continuels, presque toujours anonymes, pour des fondations charitables, pour l'enrichissement des musées. Un mélange de grandeur et de ridicules, également d'un autre âge. Ce monde, pour qui le reste du monde ne semblait pas exister, — (bien qu'il le connût fort bien, par la pratique des affaires, par ses relations étendues, par les longs et lointains voyages d'études auxquels ils obligeaient leurs fils), — ce monde, pour qui une grande renommée, une célébrité étrangère, ne comptait qu'à partir du jour où elle s'était fait accueillir et reconnaître par lui, — exerçait sur lui-même la plus rigoureuse des disciplines. Tous se tenaient, et tous se surveillaient. Il en était résulté une conscience collective qui recouvrait les différences individuelles, (plus accusées qu'ailleurs entre ces rudes personnalités), sous le voile de l'uniformité religieuse et morale. Tout le monde pratiquait, tout le monde croyait. Pas un n'avait un doute, ou n'en voulait convenir. Impossible de se rendre compte de ce qui se passait au fond de ces âmes qui se fermaient d'autant plus hermétiquement aux regards qu'elles se savaient environnées d'une surveillance étroite, et que chacun s'arrogeait le droit de regarder dans la conscience d'autrui. On disait que même ceux qui étaient sortis du pays et se croyaient affranchis, — aussitôt qu'ils y remettaient les pieds, étaient ressaisis par les traditions, les habitudes, l'atmosphère de la ville : les plus incroyants étaient aussitôt contraints de pratiquer et de croire. Ne pas croire leur eût semblé contre nature. Ne pas croire était d'une classe inférieure, qui avait de mauvaises manières. Il n'était pas admis qu'un homme de leur monde se dérobât aux devoirs religieux. Qui ne pratiquait pas se mettait en dehors de sa classe et n'y était plus reçu.

Le poids de cette discipline n'avait pas encore paru suffisant. Ces hommes ne se trouvaient pas assez liés dans leur caste. À l'intérieur de ce grand *Verein*, ils avaient formé une multitude de petits *Vereine*, afin de se ligoter tout à fait. On en comptait plusieurs centaines ; et leur nombre augmentait, chaque année. Il y en avait pour toutes choses :

pour la philanthropie, pour les œuvres pieuses, pour les œuvres commerciales, pour les œuvres pieuses et commerciales à la fois, pour les arts, pour les sciences, pour le chant, la musique, pour les exercices spirituels, pour les exercices physiques, pour se réunir, tout simplement, pour se divertir ensemble ; il y avait des *Vereine* de quartiers, de corporations ; il y en avait pour ceux qui avaient le même état, le même chiffre de fortune, qui pesaient le même poids, qui portaient le même prénom. On disait qu'on avait voulu former un *Verein* des *Vereinlosen* (de ceux qui n'appartenaient à aucun *Verein*) : on n'en avait pas trouvé douze.

Sous ce triple corset, de la ville, de la caste, et de l'association, l'âme était ficelée. Une contrainte cachée comprimait les caractères. La plupart y étaient faits depuis l'enfance, — depuis des siècles ; et ils la trouvaient saine ; ils eussent jugé malséant et malsain de se passer de corset. À voir leur sourire satisfait, nul ne se fut douté de la gêne qu'ils pouvaient éprouver. Mais la nature prenait sa revanche. De loin en loin, il sortait de là quelque individualité révoltée, un vigoureux artiste ou un penseur sans frein, qui brisait brutalement ses liens et qui donnait du fil à retordre aux gardiens de la cité. Ils étaient si intelligents que, quand le révolté n'avait pas été étouffé dans l'œuf, quand il était le plus fort, jamais ils ne s'obstinaient à le combattre — (le combat eût risqué d'amener des éclats scandaleux) : — ils l'accaparaient. Peintre, ils le mettaient au musée ; penseur, dans les bibliothèques. Il avait beau s'époumonner à dire des énormités : ils affectaient de ne pas l'entendre. En vain, protestait-il de son indépendance : ils se l'incorporaient. Ainsi, l'effet du poison était neutralisé : c'était le traitement par l'homéopathie. — Mais ces cas étaient rares, la plupart des révoltes n'arrivaient pas au jour. Ces paisibles maisons renfermaient des tragédies inconnues. Il arrivait qu'un de leurs hôtes s'en allât, de son pas tranquille, sans autre explication, se jeter dans le fleuve. Ou bien l'on s'enfermait pour six mois, on enfermait sa femme dans une maison de santé, afin de se remettre l'esprit. On en parlait sans gêne, comme d'une chose naturelle, avec cette placidité qui était un des beaux traits de la ville, et qu'on savait garder vis-à-vis de la souffrance et de la mort.

Cette solide bourgeoisie, sévère pour elle-même parce qu'elle savait son prix, l'était moins pour les autres parce qu'elle les estimait moins. À l'égard des étrangers qui séjournaient dans la ville, comme Christophe, des professeurs allemands, des réfugiés politiques, elle se montrait même assez libérale : car ils lui étaient indifférents. Et d'ailleurs, elle aimait l'intelligence. Les idées avancées ne l'inquiétaient point : elle savait que sur ses fils elles resteraient sans influence. Elle témoignait à ses hôtes une bonhomie glacée, qui les tenait à distance.

Christophe n'avait pas besoin qu'on insistât. Il se trouvait dans un état de sensibilité frémissante, où son cœur était à nu : il n'était que trop disposé à voir partout l'égoïsme et l'indifférence, et à se replier sur soi.

De plus, la clientèle de Braun, le cercle fort restreint, auquel appartenait sa femme, faisaient partie d'un petit monde protestant, particulièrement rigoriste. Christophe y était doublement mal vu, comme papiste d'origine et comme incroyant de fait. De son côté, il y trouvait beaucoup de choses qui le choquaient. Il avait beau ne plus croire, il portait en lui la marque séculaire de son catholicisme, plus poétique que raisonné, plus indulgent à la nature, et qui ne se tourmentait pas tant d'expliquer ni de comprendre que d'aimer ou de n'aimer point ; et il portait aussi les habitudes de liberté intellectuelle et morale qu'il avait sans le savoir ramassées à Paris. Il devait fatalement se heurter à ce petit monde piétiste, où s'accusaient avec exagération les défauts d'esprit du calvinisme : un rationalisme religieux, qui coupait les ailes de la foi, et la laissait ensuite suspendue sur l'abîme ; car il partait d'un *a priori* aussi discutable que tous les mysticismes : ce n'était plus de la poésie, ce n'était pas de la prose, c'était de la poésie mise en prose. Un orgueil intellectuel, une foi absolue, dangereuse, en la raison, — en *leur* raison. Ils pouvaient ne pas croire à Dieu, ni à l'immortalité ; mais ils croyaient à la raison, comme un catholique croit au pape, ou un fétichiste à son idole. Il ne leur venait même pas à l'idée de la discuter. La vie avait beau la contredire, ils eussent nié plutôt la vie. Un manque de psychologie, une incompréhension de la nature, des forces cachées, des racines de l'être, de « l'Esprit de la Terre ». Ils se fabriquaient une vie et des êtres enfantins, simplifiés, schématiques. Certains d'entre eux étaient gens instruits et pratiques ; ils avaient beaucoup lu, beaucoup vu. Mais ils ne voyaient, ni ne lisaient aucune chose comme elle était ; ils s'en faisaient des réductions abstraites. Ils étaient pauvres de sang ; ils avaient de hautes qualités morales ; mais ils n'étaient pas assez humains : et c'est le péché suprême. Leur pureté de cœur, très réelle souvent, noble et naïve, parfois comique, devenait malheureusement ; en certains cas, tragique ; elle les menait à une dureté vis-à-vis des autres, à une inhumanité tranquille, sans colère, sûre de soi, qui effarait. Comment eussent-ils hésité ? N'avaient-ils pas la vérité, le droit, la vertu avec eux ? N'en recevaient-ils pas la révélation directe de leur sainte raison ? La raison est un soleil dur ; il éclaire, mais il aveugle. Dans cette lumière sèche, sans vapeurs et sans ombres, les âmes poussent décolorées, le sang de leur cœur est bu.

Or, si quelque chose était en ce moment, pour Christophe, vide de sens, c'était la raison. Ce soleil-là n'éclairait, à ses yeux, que les parois de l'abîme, sans lui montrer les moyens d'en sortir, ni même lui permettre d'en mesurer le fond.

Quant au monde artistique, Christophe avait peu l'occasion et encore moins le désir de frayer avec lui. Les musiciens étaient en général d'honnêtes conservateurs de l'époque néo-schumannienne et « brahmine », contre lesquels Christophe avait jadis rompu des lances. Deux faisaient exception : l'organiste Krebs, qui tenait une confiserie renommée, brave homme, bon musicien, qui l'eût été davantage si, pour reprendre le mot d'un de ses compatriotes, « il n'eût été assis sur un Pégase auquel il donnait trop d'avoine », — et un jeune compositeur juif, talent original plein de sève vigoureuse et trouble, qui faisait le commerce d'articles suisses : sculptures en bois, chalets et ours de Berne. Plus indépendants que les autres, sans doute parce qu'ils ne faisaient pas de leur art un métier, ils eussent été bien aises de se rapprocher de Christophe ; et, en un autre temps, Christophe eût été curieux de les connaître ; mais à ce moment de sa vie, toute curiosité artistique et humaine était émoussée en lui ; il sentait plus ce qui le séparait des hommes que ce qui l'unissait à eux.

Son seul ami, le confident de ses pensées, était le fleuve qui traversait la ville, — le même fleuve puissant et paternel, qui là-haut, dans le nord, baignait sa ville natale. Christophe retrouvait auprès de lui les souvenirs de ses rêves d'enfance... Mais dans le deuil qui l'enveloppait, ils prenaient, comme le Rhin lui-même, une teinte funèbre. À la tombée du jour, appuyé sur le parapet d'un quai, il regardait le fleuve fiévreux, cette masse en fusion, lourde, opaque, et hâtive, qui était toujours passée, où l'on ne distinguait rien que de grands crêpes mouvants, des milliers de ruisseaux, de courants, de tourbillons, qui se dessinaient, s'effaçaient : tel, un chaos d'images dans une pensée hallucinée ; éternellement, elles s'ébauchent, et se fondent éternellement. Sur ce songe crépusculaire glissaient comme des cercueils des bacs fantomatiques, sans une forme humaine. La nuit s'épaississait. Le fleuve devenait de bronze. Les lumières de la rive faisaient luire son armure d'un noir d'encre, qui jetait des éclairs sombres. Reflets cuivrés du gaz, reflets lunaires des fanaux électriques, reflets sanglants des bougies derrière les vitres des maisons. Le murmure du fleuve remplissait les ténèbres. Éternel bruissement, plus triste que la mer par sa monotonie...

Christophe aspirait pendant des heures ce chant de mort et d'ennui. Il avait peine à s'en arracher ; il remontait ensuite au logis, par les ruelles escarpées aux marches d'escalier rouges, usées dans le milieu ; le corps et l'âme brisés, il s'accrochait aux rampes de fer, scellées au mur, qui luisaient, éclairées par le réverbère d'en haut sur la place déserte devant l'église vêtue de nuit...

Il ne comprenait plus pourquoi les hommes vivaient. Quand il lui arrivait de se rappeler les luttes dont il avait été le témoin, il admirait amèrement cette humanité avec sa foi chevillée au corps. Les idées succédaient aux idées opposées, les réactions aux actions : — démocratie, aristocratie ; socialisme, individualisme ; romantisme, classicisme ; progrès, tradition ; — et ainsi, pour l'éternité. Chaque génération nouvelle, brûlée en moins de dix ans, croyait avec le même entrain être seule arrivée au faîte, et faisait dégringoler ses prédécesseurs, à coups de pierres ; elle s'agitait, criait, se décernait le pouvoir et la gloire, dégringolait à son tour sous les pierres des nouveaux arrivants, disparaissait. À qui le tour ?...

La création musicale n'était plus un refuge pour Christophe ; elle était intermittente, désordonnée, sans but. Écrire ? Pour qui écrire ? Pour les hommes ? Il passait par une crise de misanthropie aiguë. Pour lui ? Il sentait trop la vanité de l'art, incapable de combler le vide de la mort. Seule, sa force aveugle le soulevait, par instants, d'une aile violente, et retombait, brisée. Il était comme une nuée d'orage qui gronde dans les ténèbres. Olivier disparu, il ne restait plus rien. Il s'acharnait contre tout ce qui avait rempli sa vie, contre les sentiments qu'il avait cru partager avec d'autres, contre les pensées qu'il s'imaginait avoir eues en commun avec le reste de l'humanité. Il lui semblait aujourd'hui qu'il avait été le jouet d'une illusion : toute la vie sociale reposait sur un immense malentendu, dont le langage était la source. On croit que la pensée peut communiquer avec les autres pensées. En réalité, il n'y a de rapports qu'entre les mots. On dit et on écoute des mots ; pas un mot n'a le même sens dans deux bouches différentes. Et ce n'est rien encore : pas un mot, pas un seul, n'a tout son sens dans la vie. Les mots débordent la réalité vécue. On parle d'amour et de haine. Il n'y a pas d'amour, pas de haine, pas d'amis, pas d'ennemis, pas de foi, pas de passion, pas de bien, pas de mal. Il n'y a que de froids reflets de ces lumières qui tombent de soleils éteints, d'astres morts depuis des siècles… Des amis ? Il ne manque pas de gens qui revendiquent ce nom. Mais quelle fade réalité représente leur amitié ? Qu'est-ce que l'amitié, au sens du monde ordinaire ? Combien de minutes de sa vie celui qui se croit un ami donne-t-il au pâle souvenir de son ami ? Que lui sacrifierait-il, non pas même de son nécessaire, mais de son superflu, de son oisiveté, de son ennui ? Qu'est-ce que Christophe avait sacrifié à Olivier ? — (Car il ne s'exceptait point, il exceptait Olivier seul du néant où il englobait tous les êtres humains). — L'art n'est pas plus vrai que l'amour. Quelle place tient-il réellement dans la vie ? De quel amour l'aiment-ils, ceux qui s'en disent épris ?... La pauvreté des sentiments humains est inimaginable. En dehors de l'instinct de l'espèce, de cette force cosmique, qui est le levier du monde, rien n'existe qu'une poussière d'émotions. La plupart des hommes n'ont pas assez de vie pour se donner tout entiers dans aucune passion. Ils s'économisent, avec une ladrerie prudente. Ils sont de tout, un peu, et ne sont tout à fait de rien. Celui qui se donne sans compter, à tous les moments de sa vie, dans tout ce qu'il fait, dans tout ce qu'il souffre, dans tout ce qu'il aime, dans tout ce qu'il hait, celui-là est un prodige, le plus grand qu'il soit accordé de rencontrer sur terre. La passion est comme le génie : un miracle. Autant dire qu'elle n'existe pas.

Ainsi pensait Christophe ; et la vie s'apprêtait à lui infliger un terrible démenti. Le miracle est partout, comme le feu dans la pierre : un choc le fait jaillir. Nous ne soupçonnons pas les démons qui dorment en nous...

... Pero non mi destar, deh ! parla basso !...

Un soir que Christophe improvisait, au piano, Anna se leva et sortit, comme elle faisait souvent, lorsque Christophe jouait. Il semblait que la musique l'ennuyât. Christophe n'y prenait plus garde : il était indifférent à ce qu'elle pouvait penser. Il continua de jouer ; puis, des idées lui venant qu'il désirait noter, il s'interrompit et courut chercher dans sa chambre les papiers dont il avait besoin. Comme il ouvrait la porte de la pièce voisine et, tête baissée, se jetait dans l'obscurité, il se heurta violemment contre un corps immobile et debout, à l'entrée. Anna... Le choc et la surprise arrachèrent un cri à la jeune femme. Christophe, inquiet de savoir s'il lui avait fait mal, lui prit affectueusement les deux mains. Les mains étaient glacées. Elle semblait grelotter, — sans doute, de saisissement ? Elle murmura une explication vague de sa présence à cette place :

— Je cherchais dans la salle à manger...

Il n'entendit pas ce qu'elle cherchait ; et peut-être qu'elle ne l'avait point dit. Il lui parut singulier qu'elle se promenât sans lumière, pour chercher quelque chose. Mais il était si habitué aux allures bizarres d'Anna qu'il n'y prêta pas attention.

Une heure après, il était revenu dans le petit salon, où il passait la soirée avec Braun et Anna. Il était assis devant la table, sous la lampe, et il écrivait. Anna, au bout de la table, à droite, cousait, penchée sur son ouvrage. Derrière eux, dans un fauteuil bas, près du feu, Braun lisait une revue. Ils se taisaient tous trois. On entendait, par intermittences, le trottinement de la pluie sur le sable du jardin. Pour s'isoler tout à fait, Christophe, assis de trois quarts, tournait le dos à Anna. En face de lui, au mur, une glace reflétait la table, la lampe, et les deux figures baissées sur leur travail. Il sembla à Christophe que Anna le regardait. Il ne s'en inquiéta point d'abord ; puis, l'insistance de cette idée finissant par le gêner, il leva les yeux vers la glace, et il vit... Elle le regardait, en effet. De quel regard ! Il en resta pétrifié, retenant son souffle, observant. Elle ne savait pas qu'il l'observait. La lumière de la lampe tombait sur sa figure pâle, dont le sérieux et le silence habituels avaient un caractère de violence concentrée. Ses yeux — ces yeux inconnus, qu'il n'avait jamais pu saisir, — étaient fixés sur lui : des yeux bleu-sombre, avec de larges prunelles, au regard brûlant et dur ; ils étaient attachés à lui, ils fouillaient en lui, avec une ardeur muette et obstinée. Ses yeux ? Se pouvait-il que ce fussent ses yeux ? Il les voyait, et il n'y croyait pas. Les voyait-il vraiment ? Il se retourna brusquement... Les yeux étaient baissés. Il essaya de lui parler, de la forcer à le regarder en face. L'impassible figure répondit, sans lever de son ouvrage son regard abrité sous l'ombre impénétrable des paupières bleuâtres, aux cils courts et serrés. Si Christophe n'avait été sûr de lui-même, il aurait cru qu'il avait été le jouet d'une illusion. Mais il savait ce qu'il avait vu, et il ne parvenait pas à l'expliquer.

Cependant, comme son esprit était absorbé par le travail et qu'Anna l'intéressait peu, cette étrange impression ne l'occupa point longtemps.

Une semaine plus tard, Christophe essayait au piano un lied qu'il venait de composer. Braun, qui avait la manie, par amour-propre de mari autant que par taquinerie, de tourmenter sa femme pour qu'elle chantât ou jouât, avait été particulièrement insistant, ce soir-là. D'ordinaire, Anna se contentait de dire un non très sec ; après quoi, elle ne se donnait plus la peine de répondre aux demandes, prières, ou plaisanteries ; elle serrait les lèvres, et ne semblait pas entendre. Cette fois, au grand étonnement de Braun et de Christophe, elle plia son ouvrage, se leva et vint près du piano. Elle chanta ce morceau qu'elle n'avait jamais lu. Ce fut une sorte de miracle : — le miracle. Sa voix, d'un timbre profond, ne rappelait en rien la voix un peu rauque et voilée qu'elle avait en parlant. Fermement posée dès la première note, sans une ombre de trouble, sans effort elle donnait à la phrase musicale une grandeur émouvante et pure ; et elle s'éleva à une violence de passion qui fit frémir Christophe : car elle lui parut la voix de son propre cœur. Il la regarda stupéfait, tandis qu'elle chantait, et il la vit enfin, pour la première fois. Il vit ses yeux obscurs, où s'allumait une lueur de sauvagerie, sa grande bouche passionnée aux lèvres bien ourlées, le sourire voluptueux, un peu lourd et cruel, de ses dents saines et blanches, ses belles et fortes mains, dont l'une s'appuyait sur le pupitre du piano, et la robuste charpente d'un corps étriqué par la toilette, amaigri par une vie trop réduite et trop pauvre, mais qu'on devinait jeune, vigoureux, et harmonieux, sous la robe.

Elle cessa de chanter, et alla se rasseoir, les mains posées sur ses genoux. Braun la complimenta ; mais il trouvait qu'elle avait chanté, d'une façon qui manquait de moelleux. Christophe ne lui dit rien. Il la contemplait. Elle souriait vaguement, sachant qu'il la regardait. Il y eut un grand silence entre eux, ce soir-là. Elle se rendait compte qu'elle venait de s'élever au-dessus d'elle-même, ou peut-être, qu'elle avait été « elle », pour la première fois. Elle ne comprenait pas pourquoi.

À partir de ce jour, Christophe se mit à observer attentivement Anna. Elle était retombée dans son mutisme, sa froide indifférence et sa rage de travail, qui agaçait jusqu'à son mari, et où elle endormait les pensées obscures de sa trouble nature. Christophe avait beau la guetter, il ne retrouvait plus en elle que la bourgeoise guindée des premiers temps. À des moments, elle restait absorbée, sans rien faire, les yeux fixes. On la quittait ainsi, on la retrouvait ainsi, un quart d'heure après : elle n'avait point bougé. Quand son mari lui demandait à quoi elle pensait, elle s'éveillait de sa torpeur, souriait, et disait qu'elle ne pensait à rien. Et elle disait vrai.

Rien n'était capable de la faire sortir de sa tranquillité. Un jour qu'elle faisait sa toilette, sa lampe à alcool éclata. En un instant, Anna fut entourée de flammes. La domestique s'enfuit, en hurlant au secours. Braun perdit la tête, s'agita, poussa des cris, et faillit se trouver mal. Anna arracha les agrafes de son peignoir, fit couler de ses hanches sa jupe qui commençait à brûler, et la mit sous ses pieds. Quand Christophe accourut affolé, avec une carafe qu'il avait stupidement saisie, il vit Anna, montée sur une chaise, en jupon et les bras nus, qui éteignait sans trouble les rideaux en feu avec ses mains. Elle se brûla, n'en parla point, et parut seulement dépitée qu'on l'eût vue en ce costume. Elle rougit, se cacha gauchement les épaules avec ses bras, et s'en fut, d'un air de dignité offensée, dans la chambre voisine. Christophe admira son calme ; mais il n'aurait pu dire si ce calme prouvait plus son courage, ou son insensibilité. Il penchait pour cette dernière explication. En vérité, cette femme semblait ne s'intéresser à rien, ni aux autres, ni à elle. Christophe doutait qu'elle eût du cœur.

Il n'eut plus aucun doute, après un fait dont il fut le témoin. Anna avait une petite chienne noire, aux yeux intelligents et doux, qui était l'enfant gâtée de la maison. Braun l'adorait. Christophe la prenait chez lui, quand il s'enfermait dans sa chambre pour travailler ; et, la porte close, au lieu de travailler, souvent, il s'amusait avec elle.

Lorsqu'il sortait, elle était là, sur le seuil, le guettant, et s'attachant à ses pas : car il lui fallait un compagnon de promenade. Elle courait devant lui, tricotant de ses quatre pattes qui grattaient la terre si vite qu'elles semblaient voltiger. De temps en temps, elle s'arrêtait, fière d'aller plus vite ; et elle le regardait, bien cambrée, la poitrine en avant. Elle faisait l'importante ; elle aboyait furieusement à un morceau de bois ; mais dès qu'elle apercevait au loin un autre chien, elle fuyait à toute vitesse, et se réfugiait, tremblante, entre les jambes de Christophe. Christophe s'en moquait et l'aimait. Depuis qu'il s'éloignait des hommes, il se sentait plus rapproché des bêtes ; il les trouvait pitoyables et touchantes. Ces pauvres animaux, lorsqu'on est bon pour eux, s'abandonnent à vous avec tant de confiance ! L'homme est tellement le maître de leur vie et de leur mort que celui qui fait du mal à ces faibles qui lui sont livrés commet un abus de pouvoir abominable.

Si aimante que la gentille bête fût pour tous, elle avait une préférence marquée pour Anna. Celle-ci ne faisait rien pour l'attirer ; mais elle la caressait volontiers, la laissait se blottir sur ses genoux, veillait à sa nourriture, et paraissait l'aimer autant qu'elle était capable d'aimer. Un jour, la chienne ne sut pas se garer des roues d'un automobile. Elle fut écrasée, presque sous les yeux de ses maîtres. Elle vivait encore et criait lamentablement. Braun courut hors de la maison, nu-tête ; il ramassa la loque sanglante et il tâchait au moins de soulager ses souffrances. Anna vint, regarda sans se baisser, fit une moue dégoûtée, et s'en alla. Braun, les larmes aux yeux, assistait à l'agonie du petit être. Christophe se promenait à grands pas dans le jardin, et crispait les poings. Il entendit Anna qui donnait tranquillement des ordres à la domestique. Il ne put s'empêcher de lui dire :

— Cela ne vous fait donc rien, à vous ?

Elle répondit :

— On n'y peut rien, n'est-ce pas ? C'est mieux de n'y pas penser.

Il se sentit de la haine pour elle ; puis, le burlesque de la réponse le frappa ; et il rit. Il se disait qu'Anna devrait bien lui donner sa recette pour ne pas penser aux choses tristes, et, que la vie était aisée à ceux qui ont la chance d'être dénués de cœur. Il songea que si Braun mourait, Anna n'en serait guère troublée, et il se félicita de n'être point marié. Sa solitude lui semblait moins triste que cette chaîne d'habitudes qui vous attache pour la vie à un être pour qui vous êtes un objet de haine, ou, ce qui est pire, pour qui vous n'êtes rien. Décidément, cette femme n'aimait personne. Elle existait à peine. Le piétisme l'avait desséchée.

Elle surprit Christophe, un jour de la fin d'octobre. — Ils étaient à table. Il causait avec Braun d'un crime passionnel, dont toute la ville était occupée. Dans la campagne, deux filles italiennes, deux sœurs, s'étaient éprises d'un homme. Ne pouvant, l'une ni l'autre, se sacrifier de plein gré, elles avaient joué au sort qui des deux céderait la place. La vaincue devait tout bonnement se jeter dans le Rhin. Mais quand le sort eut parlé, celle qu'il n'avait pas favorisée montra peu d'empressement à accepter la décision. L'autre fut révoltée par un tel manque de foi. Des injures on en vint aux coups, et même aux coups de couteau ; puis, brusquement, le vent tourna ; on s'embrassa en pleurant, on jura qu'on ne pourrait vivre l'une sans l'autre ; et comme on ne pouvait cependant se résigner à partager le galant, on décida qu'il serait tué. Ainsi fut fait. Une nuit, les deux amoureuses firent venir dans leur chambre l'amant, enorgueilli de sa double bonne fortune ; et tandis que l'une le liait passionnément de ses bras, l'autre non moins passionnément le poignardait dans le dos. Par chance, ses cris furent entendus. On vint, on l'arracha en assez piteux état à l'étreinte de ses amies ; et on les arrêta. Elles protestaient que cela ne regardait personne, qu'elles étaient seules intéressées dans l'affaire, et que du moment qu'elles étaient d'accord pour se débarrasser de ce qui était à elles, nul n'avait à s'en mêler. La victime n'était pas loin d'approuver ce raisonnement ; mais la justice ne le comprit pas. Et Braun ne le comprenait pas, non plus.

— Ce sont des folles, disait-il. Il faut les enfermer dans un hospice d'aliénés. Ah ! les mâtines !... Je comprends qu'on se tue par amour. Je comprends même qu'on tue l'être qu'on aime et qui vous trompe... C'est-à-dire, je ne l'excuse pas ; mais je l'admets, comme un reste d'atavisme féroce ; c'est barbare, mais logique : on tue qui vous fait souffrir. Mais tuer ce qu'on aime, sans rancune, sans haine, simplement parce que d'autres l'aiment, c'est de la démence... Tu comprends cela, Christophe ?

— Peuh ! fit Christophe, je suis habitué à ne pas comprendre. Qui dit amour dit déraison.

Anna, qui se taisait sans paraître écouter, leva la tête et dit, de sa voix calme :

— Il n'y a là rien de déraisonnable. C'est tout naturel. Quand on aime, on veut détruire ce qu'on aime, afin que personne autre ne puisse l'avoir.

Braun regarda sa femme, stupéfait ; il frappa sur la table, se croisa les bras, et dit :

— Où a-t-elle été pêcher cela ?... Comment ! il faut que tu dises ton mot, toi ? Qu'est-ce que diable tu en sais ?

Anna rougit légèrement, et se tut. Braun reprit :

— Quand on aime, on veut détruire ?... Voilà une monstrueuse sottise ! Détruire ce qui vous est cher, c'est se détruire soi-même. — Mais, tout au contraire, quand on aime, le sentiment naturel est de faire du bien à qui vous fait du bien, de le choyer, de le défendre, d'être bon pour lui, d'être bon pour toutes choses. Aimer, c'est le paradis sur terre.

Anna, les yeux fixés dans l'ombre, le laissa parler, et, secouant la tête, elle dit froidement :

— On n'est pas bon quand on aime.

162

Christophe ne renouvelait pas l'épreuve d'entendre chanter Anna. Il craignait... une désillusion, ou quoi d'autre ? Il n'eût pas su le dire. Anna avait la même crainte. Elle évitait de se trouver dans le salon, quand il commençait à jouer.

Mais un soir de novembre qu'il lisait auprès du feu, il vit Anna assise, son ouvrage sur ses genoux, et plongée dans une de ses songeries. Elle regardait le vide, et Christophe crut voir passer dans son regard des lueurs de l'ardeur étrange de l'autre soir. Referma son livre. Elle se sentit observée et se remit à coudre. Sous ses paupières baissées, elle voyait toujours tout. Il se leva et dit :

— Venez.

Elle fixa sur lui ses yeux où flottait encore un peu de trouble, comprit, et le suivit.

— Où allez-vous ? demanda Braun.

— Au piano, répondit Christophe.

Il joua. Elle chanta. Aussitôt, il la retrouva telle qu'elle lui était apparue, une première fois. Elle entrait de plain-pied dans ce monde héroïque, comme s'il était le sien. Il continua l'expérience, prenant un second morceau, puis un troisième plus emporté, déchaînant en elle le troupeau des passions, l'exaltant, s'exaltant ; puis, arrivés au paroxysme, il s'arrêta net et lui demanda, les yeux dans les yeux :

— Mais enfin, qui donc êtes-vous ?

Anna répondit :

— Je ne sais pas.

Il dit brutalement :

— Qu'est-ce que vous avez dans le corps, pour chanter ainsi ?

Elle répondit :

— J'ai ce que vous me faites chanter.

— Oui ? Eh bien, il n'y est pas déplacé. Je me demande si c'est moi qui l'ai créé, ou si c'est vous. Vous pensez donc des choses comme cela, vous ?

— Je ne sais pas. Je crois qu'on n'est plus soi, quand on chante.

— Et moi, je crois que c'est alors seulement que vous êtes vous.

Ils se turent. Elle avait les joues moites d'une légère buée. Son sein se soulevait, en silence. Elle fixait la lumière des flambeaux, et grattait machinalement la bougie qui avait coulé sur le rebord du chandelier. Il tapotait les touches, en la regardant. Ils se dirent encore quelques mots gênés, d'un ton brusque et rude, puis essayèrent de paroles banales, et se turent tout à fait, craignant d'approfondir…

Le lendemain, ils se parlèrent à peine ; ils se regardaient à la dérobée, avec une sorte de peur. Mais ils prirent l'habitude de faire, le soir, de la musique ensemble. Ils en firent même bientôt dans l'après-midi ; et chaque jour, davantage. Toujours la même passion incompréhensible s'emparait d'elle, dès les premiers accords, la brûlait de la tête aux pieds, et faisait de cette petite bourgeoise, pour le temps que durait la musique, une Vénus impérieuse, l'incarnation de toutes les fureurs de l'âme.

Braun, étonné de l'engouement subit d'Anna pour le chant, n'avait pas pris la peine de chercher l'explication de ce caprice de femme ; il assistait à ces petits concerts, marquait la mesure avec sa tête, donnait son avis, et était parfaitement heureux, quoiqu'il eût préféré une musique plus douce : cette dépense de forces lui paraissait exagérée. Christophe respirait dans l'air un danger ; mais la tête lui tournait : affaibli par la crise qu'il venait de traverser, il ne résistait pas, et il perdait conscience de ce qui se passait en lui, sans pénétrer ce qui se passait dans Anna. Une après-midi, au milieu d'un morceau, en plein débordement d'ardeurs frénétiques, elle s'interrompit et, sans explication, elle sortit de la pièce. Christophe l'attendit : elle ne reparut plus. Une demi-heure après, comme il passait dans le corridor, près de la chambre d'Anna, par la porte entr'ouverte il l'aperçut au fond, absorbée dans des prières mornes, la figure glacée.

Cependant, un peu, très peu de confiance s'insinuait entre eux. Il tâchait de la faire parler de son passé ; elle ne disait que des choses banales ; à grand'peine, il lui arrachait morceau par morceau quelques détails précis. Grâce à la bonhomie, facilement indiscrète, de Braun, il réussit à entrevoir le secret de sa vie.

Elle était née dans la ville. De son nom de famille, elle s'appelait Anna-Maria Senfl. Son père, Martin Senfl, appartenait à une vieille maison de marchands, séculaire et millionnaire, où l'orgueil de caste et le rigorisme religieux étaient montés en graine. D'esprit aventureux, il avait, comme beaucoup de ses compatriotes, passé plusieurs années au loin, en Orient, en Amérique du Sud ; il avait même fait des explorations hardies au centre de l'Asie, où le poussaient à la fois les intérêts commerciaux de sa maison, l'amour de la science, et son propre plaisir. À rouler à travers le monde, non seulement il n'avait pas amassé mousse, mais il s'était défait de celle qui le couvrait, de tous ses vieux préjugés. Si bien que, de retour au pays, étant de tempérament chaud et d'esprit entêté, il épousa, aux protestations indignées des siens, la fille d'un fermier des environs, de réputation douteuse, qu'il avait commencé par avoir comme maîtresse. Le mariage avait été le seul moyen qu'il eût trouvé pour garder à soi cette belle fille, dont il ne pouvait plus se passer. La famille, après avoir mis vainement son veto, se ferma tout entière à celui qui méconnaissait son autorité sacro-sainte. La ville, — tous ceux qui comptaient, se montrant, comme d'habitude, solidaires pour ce qui touchait à la dignité morale de la communauté, prirent parti en masse contre le couple imprudent. L'explorateur apprit à ses dépens qu'il n'y a pas moins de péril à contrecarrer les préjugés des gens, au pays des sectateurs du Christ que chez ceux du Grand Lama. Il n'était pas assez fort pour pouvoir se passer de l'opinion du monde. Il avait plus qu'entamé sa portion de fortune ; il ne trouvait d'emploi nulle part : tout lui était fermé. Il s'usa en colères inutiles contre les avanies de la ville implacable. Sa santé, minée par les excès et par les fièvres, ne put y résister. Il mourut d'un coup de sang, cinq mois après le mariage. Quatre mois plus tard, sa femme, bonne personne, mais faible et de peu de cervelle, qui depuis ses noces n'avait passé aucun jour sans pleurer, mourait en couches, jetant sur la rive qu'elle quittait la petite Anna.

La mère de Martin vivait. Elle n'avait rien pardonné, même sur leur lit de mort, à son fils, ni à celle qu'elle n'avait pas voulu reconnaître pour sa bru. Mais quand celle-ci ne fut plus, — la vengeance divine étant assouvie, — elle prit l'enfant et la garda. C'était une femme d'une dévotion étroite ; riche et avare, elle tenait un magasin de soieries dans une rue sombre de la vieille ville. Elle traita la fille de son fils moins comme sa petite-fille que comme une orpheline qu'on recueille par charité et qui vous doit en revanche une demi-domesticité. Pourtant, elle lui fit donner une éducation soignée ; mais elle ne se départit jamais envers elle d'une rigueur méfiante ; il semblait qu'elle considérât l'enfant comme coupable du péché de ses parents et qu'elle s'acharnât à poursuivre le péché en elle. Elle ne lui permit aucune distraction ; elle traquait la nature, comme un crime, dans ses gestes, ses paroles, jusque dans ses pensées. Elle tua la joie dans cette jeune vie. Anna fut habituée, de bonne heure, à s'ennuyer au temple et à ne pas le montrer ; elle fut environnée des terreurs de l'enfer ; ses yeux d'enfant aux paupières sournoises les voyaient, chaque dimanche, à la porte du vieux *Münster,* sous la forme des statues immodestes et contorsionnées qu'un feu brûle entre les jambes et sur qui montent, le long des cuisses, des crapauds et des serpents. Elle s'accoutuma à refouler ses instincts, à se mentir à elle-même. Dès qu'elle fut d'âge à aider sa grand'mère, elle fut employée, du matin au soir, dans le triste et obscur magasin. Elle prit les habitudes qui régnaient autour d'elle, cet esprit d'ordre, d'économie morose, de privations inutiles, cette indifférence ennuyée, cette conception méprisante et maussade de la vie, qui est la conséquence naturelle des croyances religieuses chez ceux qui ne sont pas naturellement religieux. Elle s'absorba dans la dévotion, au point de paraître exagérée même à la vieille femme ; elle abusait des jeûnes et des macérations ; pendant un certain temps, elle s'avisa de porter un corset garni d'épingles qui s'enfonçaient dans sa chair, à chaque mouvement. On la voyait pâlir ; mais on ne savait ce qu'elle avait. À la fin, comme elle défaillait, on fit venir un médecin. Elle refusa de se laisser examiner — (elle fût morte plutôt que de se déshabiller devant un homme) ; — mais elle avoua ; et le médecin fit une scène si violente qu'elle promit de ne plus recommencer. La grand'mère, pour plus de sûreté, soumit dès lors sa toilette à des inspections. Anna ne trouvait pas à ces tortures, comme on aurait pu croire, une jouissance mystique ; elle avait peu d'imagination, elle n'eût pas compris la poésie d'un François d'Assise ou d'une sainte Thérèse. Sa dévotion était triste et matérielle. Quand elle se persécutait, ce n'était pas pour les avantages qu'elle en attendait dans la vie future, c'était par un ennui cruel qui se retournait contre elle-même, trouvant un plaisir presque méchant au mal qu'elle se faisait. Par une exception singulière, cet esprit dur et froid, comme celui de l'aïeule, s'ouvrait à la musique, sans qu'elle sût jusqu'à quelle profondeur. Elle était fermée aux autres arts ; elle n'avait peut-être jamais regardé un tableau, de sa vie ; elle semblait n'avoir aucun sens de la beauté plastique, tant elle manquait de goût, par indifférence orgueilleuse et volontaire ; l'idée d'un beau corps n'éveillait en elle que l'idée de la nudité, c'est-à-dire, comme chez le paysan dont parle Tolstoy, un sentiment de répugnance, d'autant plus fort chez Anna qu'elle percevait obscurément, dans ses rapports avec les êtres qui lui plaisaient beaucoup plus le sourd aiguillon du désir que la tranquille impression de jugements esthétiques. Elle ne se doutait pas plus de sa propre beauté que de la force de ses instincts refoulés ; ou plutôt, elle ne voulait pas s'en douter ; et, avec l'habitude du mensonge intérieur, elle réussissait à se donner le change.

Braun la rencontra à un dîner de mariage où elle se trouvait, d'une façon exceptionnelle : car on ne l'invitait guère, à cause de la mauvaise réputation que continuait de lui faire l'indécence de son origine. Elle avait vingt-deux ans. Il la remarqua. Ce n'était pas qu'elle cherchât à se faire remarquer. Assise à côté de lui, à table, raide et mal fagotée, elle ouvrit à peine la bouche pour parler. Mais Braun, qui ne cessa de causer avec elle, c'est-à-dire tout seul, pendant tout le repas, revint enthousiasmé. Avec sa pénétration ordinaire, il avait été frappé de l'air de candeur virginale de sa voisine ; il avait admiré son bon sens et son calme ; il appréciait aussi sa belle santé et les solides qualités de ménagère qu'elle lui parut avoir. Il fit visite à la grand'mère, revint, fit sa demande et fut agréé. Point de dot : Mme Senfl léguait à la ville, pour des missions commerciales, la fortune de sa maison.

À aucun moment, la jeune femme n'avait eu d'amour pour son mari : c'était là une pensée dont il ne lui semblait pas qu'il dût être question dans une vie honnête, et qu'il fallait plutôt écarter comme coupable. Mais elle savait le prix de la bonté de Braun ; elle lui était reconnaissante, sans le lui montrer, de ce qu'il l'avait épousée malgré son origine douteuse. Elle avait d'ailleurs un fort sentiment de l'honneur conjugal. Depuis sept ans qu'ils étaient mariés, rien n'avait troublé leur union. Ils vivaient l'un à côté de l'autre, ne se comprenaient point, et ne s'en inquiétaient point : ils étaient, aux yeux du monde, le type d'un ménage modèle. Ils sortaient peu de chez eux. Braun avait une clientèle assez nombreuse ; mais il n'avait pas réussi à y faire agréer sa femme. Elle ne plaisait point ; et la tache de sa naissance n'était pas encore tout à fait effacée. Anna, de son côté, ne faisait nul effort pour être admise. Elle gardait rancune des dédains qui avaient attristé son enfance. Puis, elle était gênée dans le monde, et ne se plaignait pas qu'on l'oubliât. Elle faisait et recevait quelques visites indispensables, qu'exigeait l'intérêt de son mari. Les visiteuses étaient de petites bourgeoises curieuses et médisantes. Leurs commérages n'avaient aucun intérêt pour Anna ; elle ne prenait pas la peine de dissimuler son indifférence. Cela ne se pardonne point. Aussi, les visites s'espaçaient, et Anna restait seule. C'était ce qu'elle voulait : rien ne venait plus troubler le rêve qu'elle ruminait, et le bourdonnement obscur de sa chair.

Cependant, depuis quelques semaines, Anna semblait souffrante. Son visage se creusait, blêmissait. Elle fuyait la présence de Christophe et de Braun. Elle passait ses journées dans sa chambre ; elle s'enfonçait dans ses pensées ; elle ne répondait pas quand on lui parlait. Braun ne s'affectait pas trop, à l'ordinaire, de ces caprices de femme. Il les expliquait à Christophe. Comme presque tous les hommes destinés à être dupes des femmes, il se flattait de les connaître très bien. Et il les connaissait assez bien, en effet : ce qui ne sert à rien. Il savait qu'elles ont souvent des accès de rêverie têtue, de mutisme opiniâtre et hostile ; et il pensait qu'il faut alors les laisser tranquilles, ne pas chercher à faire le jour, ni surtout à ce qu'elles le fassent dans le dangereux monde inconscient où baigne leur esprit. Néanmoins, il commençait à s'inquiéter pour la santé d'Anna. Il jugea que son étiolement venait de son genre de vie, éternellement renfermée, sans jamais sortir de la ville, à peine de la maison. Il voulut qu'elle se promenât. Il ne pouvait guère l'accompagner : le dimanche, elle était prise par ses devoirs de piété ; les autres jours, il avait ses consultations. Quant à Christophe, il évitait de sortir avec elle. Une ou deux fois, ils avaient fait une courte promenade ensemble, aux portes de la ville : ils s'étaient ennuyés à périr. La conversation chômait. La nature semblait ne pas exister pour Anna ; elle ne voyait rien ; tous les pays étaient pour elle de l'herbe et des pierres ; son insensibilité glaçait. Christophe avait tâché de lui faire admirer un beau site. Elle regarda, souri froidement, et dit, faisant effort pour lui être agréable :

— Oh ! oui, c'est mystique…

De la même façon qu'elle eût dit :

— Il y a beaucoup de soleil.

D'irritation, Christophe s'était enfoncé les ongles dans la paume des mains. Depuis, il ne lui demandait plus rien ; et lorsqu'elle sortait, il trouvait un prétexte pour rester chez lui.

En réalité, il était faux qu'Anna fût insensible à la nature. Elle n'aimait pas ce qu'on est convenu d'appeler les beaux paysages : elle ne les distinguait pas des autres. Mais elle aimait la campagne, quelle qu'elle fût, — la terre et l'air. Seulement, elle ne s'en doutait pas plus que de ses autres sentiments les plus forts ; et qui vivait avec elle s'en doutait encore moins.

À force d'insister, Braun décida sa femme à faire une course d'une journée aux environs. Elle céda par ennui, afin d'avoir la paix. On arrangea la promenade pour un dimanche. Au dernier moment, le docteur, qui s'en faisait une joie enfantine, fut retenu par un cas de maladie urgente. Christophe partit avec Anna.

Un beau temps d'hiver, sans neige : air pur et froid, ciel clair, grand soleil, avec une bise glacée. Ils prirent un petit chemin de fer local, qui rejoignait une de ces lignes de collines bleues formant autour de la ville une lointaine auréole. Leur compartiment était plein ; ils furent séparés l'un de l'autre. Ils ne se parlaient pas. Anna était sombre ; la veille, elle avait déclaré, à la surprise de Braun, qu'elle n'irait pas au culte du lendemain. Pour la première fois de sa vie, elle y manquait. Était-ce une révolte ?... Qui eût pu dire les combats qui se livraient en elle ? Elle regardait fixement la banquette devant elle ; elle était blême ; elle se rongeait.

Ils descendirent du train. Leur froideur ennemie ne se dissipa point, durant le commencement de la promenade. Ils marchaient côte à côte ; elle allait d'un pas ferme, ne faisant attention à rien ; elle avait les mains libres ; ses bras se balançaient ; ses talons résonnaient sur la terre gelée. — Peu à peu, sa figure s'anima. La rapidité de la marche rosissait ses joues pâles. Sa bouche s'entr'ouvrait pour boire la fraîcheur de l'air. Au détour d'un sentier qui montait en lacets, elle se mit à escalader la colline, en ligne droite, comme une chèvre ; le long d'une carrière, au risque de tomber, elle s'accrochait aux arbustes. Christophe la suivit. Elle grimpait plus vite, glissant, se rattrapant, avec les mains, aux herbes. Christophe lui cria de s'arrêter. Elle ne répondit pas, et continua de monter, courbée à quatre pattes. Ils traversèrent les brouillards qui traînaient au-dessus de la vallée, comme une gaze argentée, se déchirant aux buissons ; ils se trouvèrent dans le chaud soleil d'en haut. Arrivée au sommet, elle se retourna ; sa figure s'était éclairée ; sa bouche, ouverte, respirait. Elle regarda, avec des yeux ironiques, Christophe qui gravissait la pente, enleva son manteau, le lui jeta au nez, puis, sans attendre qu'il soufflât, elle reprit sa course. Christophe lui fit la chasse. Ils prenaient goût au jeu ; l'air les grisait. Elle se lança sur une pente rapide ; les pierres roulaient sous ses pieds ; elle ne trébuchait point, elle glissait, sautait, filait comme une flèche. De temps en temps, elle jetait un coup d'œil en arrière, pour mesurer l'avance qu'elle avait sur Christophe. Il se rapprochait d'elle. Elle se jeta dans un bois. Les feuilles mortes craquaient sous leurs pas ; les branches qu'elle avait écartées le fouettaient au visage. Elle butta contre les racines d'un arbre. Il la saisit. Elle se débattit, luttant des pieds et des mains, lui donnant de forts coups, cherchant à le faire tomber ; elle criait et riait. Sa poitrine haletait, appuyée contre lui ; un instant, leurs joues se frôlèrent ; il but la sueur qui mouillait les tempes d'Anna ; il respira l'odeur de ses cheveux humides. D'une robuste poussée, elle se dégagea, et le regarda, sans trouble, de ses yeux qui le défiaient. Il était stupéfait de la force qui était en elle, et dont elle ne faisait rien dans la vie ordinaire.

Ils allèrent au prochain village, foulant allègrement le chaume sec, qui rebondissait sous leurs pas. Devant eux s'envolaient les corbeaux qui fouillaient les champs. Le soleil brûlait, et la bise mordait. Il tenait le bras d'Anna. Elle avait une robe peu épaisse ; il sentait sous l'étoffe le corps moite et baigné de chaleur. Il voulut qu'elle remît son manteau ; elle refusa et, par bravade, défit l'agrafe du col. Ils s'attablèrent à une auberge, dont l'enseigne portait l'image d'un « homme sauvage » (*Zum wilden Mann*). Devant la porte, poussait un petit sapin. La salle était décorée de quatrains allemands, de deux chromos, l'une sentimentale : *Au printemps* (*Im Frühling*), l'autre patriotique : *la bataille de Saint-Jacques*, et d'un crucifix avec un crâne au pied de la croix. Anna avait un appétit vorace, que Christophe ne lui connaissait pas. Ils burent allègrement du petit vin blanc. Après le repas, ils repartirent à travers champs, comme deux bons compagnons. Nulle pensée équivoque. Ils ne songeaient qu'au plaisir de la marche, de leur sang qui chantait, de l'air qui les fouettait.

La langue d'Anna s'était déliée. Elle ne se méfiait plus ; elle disait, au hasard, tout ce qui lui venait à l'esprit.

Elle parla de son enfance : sa grand'mère l'emmenait chez une amie qui habitait auprès de la cathédrale ; tandis que les vieilles dames causaient, on l'envoyait dans le grand jardin, sur lequel pesait l'ombre du *Münster*. Elle s'asseyait dans un coin et elle ne bougeait plus ; elle écoutait le frémissement des feuilles, elle épiait le fourmillement des insectes ; et elle avait plaisir et peur. — (Elle omettait de dire qu'elle avait peur des diables : son imagination en était obsédée ; on lui avait conté qu'ils rôdaient autour des églises, sans oser y entrer ; et elle croyait les voir sous la forme des bêtes : araignées, lézards, fourmis, tout le petit peuple difforme qui grouillait autour d'elle, sous les feuilles, sur la terre, ou dans les fentes des murs). — Ensuite, elle parla de la maison où elle vivait, de sa chambre sans soleil ; elle s'en souvenait avec plaisir ; elle y passait des nuits sans dormir, à se raconter des choses…

— Quelles choses ?

— Des choses folles.

— Racontez.

Elle secoua la tête, pour dire que non.

— Pourquoi ?

Elle rougit, puis rit, et ajouta :

— Et aussi le jour, pendant que je travaillais.

Elle y pensa un moment, rit de nouveau, et conclut :

— C'étaient des choses folles, des choses mauvaises.

Il dit, en plaisantant :

— Vous n'aviez donc pas peur ?

— De quoi ?

— D'être damnée ?

Sa figure se glaça.

— Il ne faut pas parler de cela, dit-elle.

Il détourna la conversation. Il admira la force qu'elle avait montrée tout à l'heure, en luttant. Elle reprit son expression confiante et raconta ses prouesses de fillette — (elle disait : « de garçon », car, lorsqu'elle était enfant, elle eût voulu se mêler aux jeux et aux batailles des garçons). — Une fois, se trouvant avec un petit camarade, plus grand qu'elle de toute la tête, elle lui avait brusquement lancé un coup de poing, espérant qu'il répondrait. Mais il s'était sauvé, en criant qu'elle le battait. Une autre fois, à la campagne, elle avait grimpé sur le dos d'une vache noire qui paissait ; la bête effarée l'avait jetée contre un arbre : Anna avait failli se tuer. Elle s'avisa aussi de sauter de la fenêtre d'un premier étage, parce qu'elle s'était défiée elle-même de le faire : elle eut la chance d'en être quitte, avec une entorse. Elle inventait des exercices bizarres et dangereux, quand on la laissait seule à la maison ; elle soumettait son corps à des épreuves étranges et variées.

— Qui croirait cela de vous, dit-il, quand on vous voit si grave ?...

— Oh ! dit-elle, si l'on me voyait, certains jours, dans ma chambre, quand je suis seule !

— Quoi ! encore à présent ?

Elle rit. Elle lui demanda — sautant d'un sujet à l'autre — s'il chassait. Il protesta que non. Elle dit qu'elle avait une fois tiré un coup de fusil sur un merle et qu'elle l'avait touché. Il s'indigna.

— Bon ! dit-elle, qu'est-ce que cela fait ?

— Vous n'avez donc pas de cœur ?

— Je n'en sais rien.

— Ne pensez-vous pas que les bêtes sont des êtres comme nous ?

— Si, dit-elle. Justement, je voulais vous demander : est-ce que vous croyez que les bêtes ont une âme ?

— Oui, je le crois.

— Le pasteur dit que non. Et moi, je pense qu'ils en ont une… D'abord, ajouta-t-elle avec un grand sérieux, je crois que j'ai été animal, dans une vie antérieure.

Il se mit à rire.

— Il n'y a pas de quoi rire, dit-elle. (Elle riait aussi.) C'est là une des histoires que je me racontais, lorsque j'étais petite. Je m'imaginais être chat, chien, oiseau, poulain, génisse. Je me sentais leurs désirs. J'aurais voulu être, une heure, dans leur poil ou leur plume ; il me semblait que j'y étais. Vous ne comprenez pas cela ?

— Vous êtes une étrange bête. Mais si vous vous sentez cette parenté avec les bêtes, comment pouvez-vous leur faire du mal ?

— On fait toujours du mal à quelqu'un. Les uns me font du mal, je fais du mal à d'autres. C'est dans l'ordre. Je ne me plains pas. Il ne faut pas être si douillet, dans la vie ! Je me fais bien du mal à moi-même, par plaisir !

— À vous ?

— À moi. Regardez. Un jour, avec un marteau, je me suis enfoncé un clou dans cette main.

— Pourquoi ?

— Pour rien.

(Elle ne disait pas qu'elle avait voulu se crucifier.)

— Donnez-moi la main, dit-elle.

— Qu'en voulez-vous faire ?

— Donnez.

Il lui donna la main. Elle la saisit et la serra, à le faire crier. Ils jouèrent, comme deux paysans, à se faire le plus de mal possible. Ils étaient heureux, sans arrière-pensée. Tout le reste du monde, les chaînes de leur vie, les tristesses du passé, l'appréhension de l'avenir, l'orage qui s'amassait en eux, tout avait disparu.

Ils avaient fait plusieurs lieues ; ils ne sentaient point la fatigue. Brusquement, elle s'arrêta, elle se jeta par terre, s'étendit sur les chaumes, ne dit plus rien. Couchée sur le dos, les bras derrière la tête, elle regardait le ciel. Quelle paix ! Quelle douceur !... À quelques pas, une fontaine cachée sourdait, avec un jet intermittent, comme une artère qui bat, tantôt faible, tantôt plus forte. L'horizon était nacré. Une buée flottait sur la terre violette, d'où montaient les arbres nus et noirs. Soleil de fin d'hiver, jeune soleil blond pâle qui s'endort. Comme des flèches brillantes, des oiseaux fendaient l'air. Les voix gentilles des cloches paysannes s'appelaient, se répondaient, de village en village... Assis près d'elle, Christophe contemplait Anna. Elle ne songeait pas à lui. Une joie profonde la baignait. Sa belle bouche riait en silence. Il pensait :

— « Est-ce bien vous ? Je ne vous reconnais plus.

— « Moi non plus, moi non plus. Je crois que je suis une autre. Je n'ai plus peur ; je n'ai plus peur de Lui... Ah ! comme Il m'étouffait, comme Il m'a fait souffrir ! Il me semble que j'étais clouée dans mon cercueil. ...Maintenant, je respire ; ce corps, ce cœur est à moi. Mon corps. Mon cher corps. Mon cœur libre et aimant. Tant de bonheur en moi ! Et je ne le connaissais pas, je ne me connaissais pas ! Qu'aviez-vous fait de moi ?... »

Ainsi, il croyait l'entendre soupirer doucement. Mais elle ne pensait à rien, sinon qu'elle était heureuse, et que tout était bien.

Le soir tombait déjà. Sous des rideaux de brume grise et lilas, dès quatre heures, le soleil, fatigué de vivre, disparaissait. Christophe se leva, et s'approcha d'Anna. Il se pencha sur elle. Elle tourna vers lui son regard, tout plein encore du vertige du grand ciel sur lequel elle était suspendue. Quelques secondes se passèrent avant qu'elle le reconnût. Alors ses yeux le fixèrent avec un sourire énigmatique qui lui communiqua leur trouble. Afin d'y échapper, un instant il ferma les yeux. Quand il les rouvrit, elle le regardait toujours ; et il lui parut qu'il y avait des jours qu'ils se regardaient ainsi. C'était comme s'ils lisaient dans l'âme l'un de l'autre. Mais ils ne voulurent pas savoir ce qu'ils avaient lu.

Il lui tendit la main. Elle la prit, sans un mot. Ils revinrent au village, dont on voyait là-bas, dans le creux du vallon, les tours coiffées en as de pique ; l'une d'elles portait sur le faîte de son toit de tuile moussue, comme une toque sur le front, un nid vide de cigogne. Au carrefour de deux chemins, près de l'entrée du village, ils passèrent devant une fontaine sur laquelle une petite sainte catholique, une Madeleine en bois, gracieuse, un peu mignarde, se tenait debout, tendant les bras. Répondant à son geste, Anna, d'un mouvement instinctif, lui tendit ses bras aussi, et, montant sur la margelle, elle remplit les mains de la jolie déesse avec des branches de houx et des grappes de sorbiers aux baies rouges, que le bec des oiseaux et le gel avaient épargnées.

Ils croisaient sur la route des groupes de paysans et de paysannes endimanchés. Des femmes à la peau très brune, aux joues très colorées, avec d'épais chignons, enroulés en coquille, robes claires, chapeaux fleuris. Elles avaient des gants blancs et des poignets rouges. Elles chantaient des chants honnêtes, avec des voix aiguës, placides, pas très justes. À l'intérieur d'une étable, une vache meuglait. Un enfant qui avait la coqueluche toussait dans une maison. D'un peu plus loin venaient des sons de clarinette nasillarde et de cornet à piston. On dansait sur la place du village, entre le cabaret et le cimetière. Juchés sur une table, quatre musiciens jouaient. Anna et Christophe s'assirent devant l'auberge et regardèrent les danseurs. Les couples se heurtaient et s'apostrophaient à grand bruit. Les filles poussaient des cris, pour le plaisir de crier. Les buveurs marquaient la mesure sur les tables, avec leurs poings. En un autre temps, cette joie lourde eût dégoûté Anna ; ce soir, elle en jouissait ; elle avait ôté son chapeau, et regardait, la figure animée. Christophe pouffait de la gravité burlesque de la musique et des musiciens. Il chercha dans ses poches, prit un crayon et, sur l'envers d'une note d'auberge, il se mit à tracer des barres et des points : il écrivait des danses. La feuille fut bientôt remplie ; il en demanda d'autres, qu'il couvrit, comme la première, de sa grosse écriture impatiente et maladroite. Anna, la joue près de la sienne, lisait par-dessus son épaule, chantonnant à mi-voix ; elle tâchait de deviner la fin des phrases, et elle battait des mains, quand elle avait deviné, ou quand ses prévisions étaient déroutées par une saillie inattendue. Après avoir fini, Christophe porta aux musiciens ce qu'il venait d'écrire. C'étaient de braves Souabes, qui savaient leur métier : ils déchiffrèrent sans broncher. Les airs étaient d'un humour

182

sentimental et burlesque, avec des rythmes heurtés, comme ponctués d'éclats de rire. Impossible de résister à leur bouffonnerie impétueuse : les jambes dansaient malgré soi. Anna se jeta dans la ronde, elle saisit au hasard deux mains, elle tourna comme une folle ; une épingle d'écaille sauta de ses cheveux ; des boucles se défirent et tombèrent sur ses joues, Christophe ne la quittait pas des yeux ; il admirait ce bel animal robuste, qui avait été condamné jusque-là au silence et à l'immobilité par une discipline impitoyable ; elle lui apparaissait comme nul ne l'avait vue, comme elle était réellement sous le masque emprunté : une Bacchante, ivre de force. Elle l'appela. Il courut à elle et l'empoigna. Ils dansèrent, dansèrent, jusqu'à ce qu'ils allassent se jeter, en tournant, contre un mur. Ils s'arrêtèrent, étourdis. La nuit était complète. Ils se reposèrent un moment, puis prirent congé de la compagnie. Anna, si roide d'ordinaire avec les gens du peuple, par gêne ou par mépris, tendit la main gentiment aux musiciens, à l'hôte, aux garçons du village, à côté de qui elle était dans la ronde.

Ils se retrouvèrent seuls, sous le ciel brillant et glacé, refaisant à travers champs, le chemin qu'ils avaient suivi le matin. Anna était encore tout animée. Peu à peu, elle parla moins, puis elle cessa de parler, comme prise par la fatigue ou par l'émotion mystérieuse de la nuit. Elle s'appuyait affectueusement sur Christophe. En redescendant la pente qu'elle avait grimpée allègrement, quelques heures avant, elle soupira. Ils arrivaient à la station. Près de la première maison, il s'arrêta pour la regarder. Elle le regarda aussi, et lui sourit avec mélancolie. Dans le train, même foule qu'en venant. Ils ne purent causer. Assis en face d'elle, il la couvait des yeux. Elle avait les yeux baissés ; elle les leva vers lui, sentant son regard ; puis elle les détourna, et il ne parvint plus à les attirer de son côté. Elle regardait dehors, dans la nuit. Un vague sourire flottait sur ses lèvres, avec un peu de fatigue aux coins. Puis le sourire disparut. L'expression devint morne. Il crut qu'elle s'absorbait dans le rythme du train, et il essaya de lui parler. Elle répondit froidement, d'un mot, sans tourner la tête. Il tâcha de se persuader que la fatigue était cause de ce changement ; mais il savait bien que la raison était autre. À mesure qu'on se rapprochait de la ville, il voyait le visage d'Anna se figer, la vie s'éteindre, tout ce beau corps à la grâce sauvage rentrer dans sa gaine de pierre. Elle ne s'appuya pas sur la main qu'il lui tendait, en descendant de wagon. Ils revinrent, en silence.

Quelques jours après, vers quatre heures du soir, ils étaient seuls ensemble. Braun était sorti. Depuis la veille, la ville était enveloppée dans un brouillard vert pâle. Le grondement du fleuve invisible montait. Les éclairs des trams électriques éclataient dans la brume. La lumière du jour s'éteignait, étouffée ; elle ne semblait plus d'aucun temps : c'était une de ces heures où se perd toute conscience de la réalité, une heure qui est hors des siècles. Après la brise mordante des jours précédents, l'air humide s'était subitement adouci, était devenu trop tiède et trop mou. La neige gonflait le ciel, qui ployait sous le poids.

Ils étaient seuls ensemble, dans le salon dont le goût froid et étriqué reflétait celui de la maîtresse. Ils ne disaient rien. Il lisait. Elle cousait. Il se leva et alla à la fenêtre ; il appuya sa grosse figure contre les carreaux, et resta à rêver ; cette lumière blafarde qui se répercutait du ciel sombre à la terre livide lui causait un étourdissement ; sa pensée était inquiète ; il essayait en vain de la fixer : elle lui échappait. Une angoisse l'envahit : il se sentait engloutir ; et dans le vide de son être, du fond des ruines amoncelées, un vent brûlant se levait en lents tourbillons. Il tournait le dos à Anna ; elle ne le voyait pas, elle s'absorbait dans sa tâche ; mais un léger frisson lui passait par le corps ; elle se piqua plusieurs fois avec son aiguille, elle ne le sentit point. Ils étaient tous les deux fascinés par l'approche du danger.

Il s'arracha à son engourdissement et fit quelques pas à travers la chambre. Le piano l'attirait et lui faisait peur. Il évitait de le regarder. En passant à côté, sa main ne put résister ; elle toucha une note. Le son vibra comme une voix. Anna tressaillit et laissa tomber son ouvrage. Déjà Christophe s'était assis et jouait. Il perçut, sans la voir, qu'Anna s'était levée, qu'elle venait, qu'elle était là. Avant de se rendre compte de ce qu'il faisait, il reprit l'air religieux et passionné qu'elle avait chanté, la première fois qu'elle s'était révélée à lui ; il improvisa sur le thème de fougueuses variations. Sans qu'il eût dit un mot, elle commença à chanter. Ils perdirent le sentiment de ce qui les entourait. La frénésie sacrée de la musique les emporta dans ses serres…

Ô musique, qui ouvres les abîmes de l'âme ! Tu ruines l'équilibre habituel de l'esprit. Dans la vie ordinaire, les âmes ordinaires sont des chambres fermées ; se fanent, au dedans, les forces sans emploi, les vertus et les vices dont l'usage nous gêne ; la sage raison pratique, le lâche sens commun, tiennent les clefs de la chambre. Ils n'en montrent que quelques placards, bourgeoisement rangés Mais la musique tient le magique rameau qui fait tomber les serrures. Les portes s'ouvrent. Les démons du cœur paraissent. Et l'âme se voit nue, pour la première fois. — Tant que chante la sirène, tant que vibre sa voix ensorcelante, le dompteur tient sous son regard les fauves. La puissante raison d'un grand musicien fascine les passions qu'il déchaîne. Mais quand la musique s'est tue, quand le dompteur n'est plus là, les passions qu'il a réveillées continuent de gronder dans la cage ébranlée, et elles cherchent leur proie…

La mélodie finit. Silence… Elle avait, en chantant, appuyé sa main sur l'épaule de Christophe. Ils n'osaient plus remuer ; et ils s'aperçurent qu'ils tremblaient. Soudain

— ce fut un éclair — elle se pencha vers lui, il se retourna vers elle ; leurs bouches se joignirent ; son souffle entra en lui...

Elle le repoussa et s'enfuit. Il resta, sans bouger, dans l'ombre. Braun rentra. Ils se mirent à table. Christophe était incapable de penser. Anna semblait absente ; elle regardait « ailleurs ». Peu après le souper, elle alla dans sa chambre. Christophe, qui n'aurait pu rester seul avec Braun, se retira aussi.

Vers minuit, le docteur étant déjà couché fut appelé auprès d'un malade. Christophe l'entendit descendre l'escalier et sortir. Il neigeait depuis six heures. Les maisons et les rues étaient ensevelies. L'air était comme rembourré d'ouate. Ni pas, ni voiture au dehors. La ville semblait morte. Christophe ne dormait pas. Il sentait une terreur, qui croissait de minute en minute. Il ne pouvait bouger. Cloué dans son lit, sur le dos, il avait les yeux ouverts. Une clarté métallique, qui sortait de la terre et des toits vêtus de blancheur, frottait les parois de la chambre... Un bruit imperceptible le fit tressaillir. Il fallait son oreille fiévreuse pour l'entendre. Un frôlement très doux sur le plancher du couloir. Christophe se dressa dans son lit. Le bruit léger se rapprocha, s'arrêta ; une planche craqua. On était derrière la porte ; on attendait... Une immobilité complète, pendant plusieurs secondes, plusieurs minutes peut-être... Christophe ne respirait plus, il était baigné de sueur. Des flocons de neige, au dehors, effleuraient la vitre, comme une aile. Une main tâtonna sur la porte, qui s'ouvrit. Sur le seuil, une blancheur apparut, elle s'avança lentement ; à quelques pas du lit, elle fit une pause. Christophe ne distinguait rien ; mais il l'entendait respirer ; et il entendait son propre cœur qui battait. Elle vint près du lit. Elle s'arrêta encore. Leurs visages étaient si près que leurs haleines se mêlaient. Leurs regards se cherchaient, sans se trouver, dans l'ombre... Elle tomba sur lui. Ils s'étreignirent en silence, sans un mot, avec rage...

Une heure, deux heures, un siècle après. La porte de la maison s'ouvrit. Anna se détacha de l'étreinte qui les nouait, glissa du lit, et quitta Christophe, sans une parole, comme elle était venue. Il entendit ses pieds nus s'éloigner, frôlant le parquet de leur toucher rapide. Elle regagna sa chambre, où Braun la trouva couchée, paraissant dormir. Ainsi elle resta toute la nuit, les yeux ouverts, sans un souffle, immobile, dans le lit étroit, près de Braun endormi. Que de nuits elle avait déjà passées ainsi !

Christophe ne dormit pas non plus. Il était désespéré. Cet homme apportait aux choses de l'amour et surtout du mariage un sérieux tragique. Il haïssait la légèreté de ces écrivains, dont l'art se fait un piment de l'adultère. L'adultère lui inspirait une répulsion, où se combinaient sa brutalité populaire et sa hauteur morale. Il éprouvait tout ensemble un respect religieux et un dégoût physique pour la femme qui appartient à un autre. La promiscuité de chiens où vit une certaine élite européenne lui soulevait le cœur. L'adultère, consenti par le mari, est une ordure ; à l'insu du mari, c'est un mensonge ignoble de valet crapuleux, qui se cache pour trahir et pour salir son maître. Que de fois il avait méprisé sans pitié ceux qu'il avait vus coupables de cette lâcheté ! Il avait rompu avec des amis qui s'étaient ainsi déshonorés à ses yeux... Et voici qu'à son tour il s'était souillé de la même ignominie ! Les circonstances de son crime le rendaient plus odieux encore. Il était venu dans cette maison, malade et misérable. Un ami l'avait recueilli, secouru, consolé. Jamais sa bonté ne s'était démentie. Rien ne l'avait lassée. Il lui devait de vivre encore. Et en reconnaissance, il venait de voler à cet homme son honneur et son bonheur, son humble bonheur domestique ! Il l'avait trahi bassement, et avec qui ? Avec une femme qu'il ne connaissait pas, qu'il ne comprenait pas, qu'il n'aimait pas... Qu'il n'aimait pas ? Tout son sang se révolta. L'amour était, un mot trop faible pour exprimer le torrent de feu qui le brûlait, dès qu'il pensait à elle. Ce n'était pas de l'amour, et c'était mille fois plus que l'amour... Il passa la nuit dans une tempête. Il se levait, il se trempait la figure dans l'eau glacée, il étouffait et il frissonnait. La crise se termina par un accès de fièvre.

Quand il se leva, brisé, il pensa combien elle devait être, plus encore que lui, accablée de honte. Il alla à sa fenêtre. Le soleil brillait sur la neige éblouissante. Dans le jardin, Anna étendait du linge sur une corde. Attentive à sa tâche, rien ne semblait la troubler. Elle avait une dignité de démarche et de gestes qui lui était toute nouvelle et qui lui faisait trouver, sans y penser, des mouvements de statue.

Au dîner de midi, ils se revirent. Braun était absent, pour toute la journée. Jamais Christophe n'eût supporté de se rencontrer avec lui. Il voulait parler à Anna. Mais ils n'étaient pas seuls ; la domestique allait et venait ; ils devaient se surveiller. Christophe cherchait en vain le regard d'Anna. Elle ne regardait personne. Nul indice de trouble, et toujours dans ses moindres mouvements cette assurance et cette noblesse inhabituelles. Après dîner, il espéra qu'ils pourraient enfin causer ; mais la domestique s'attardait à desservir ; et lorsqu'ils passèrent dans la chambre voisine, elle s'arrangea de façon à les y suivre ; elle avait toujours quelque chose à prendre ou à rapporter ; elle furetait dans le corridor, près de la porte entr'ouverte, qu'Anna ne se pressait point de fermer : on eût dit qu'elle les épiait. Anna s'assit près de la fenêtre, avec son éternel ouvrage. Christophe, enfoncé dans un fauteuil, le dos tourné au jour, avait un livre ouvert, qu'il ne lisait pas. Anna, qui pouvait l'entrevoir de profil, aperçut d'un coup d'œil son visage tourmenté, qui regardait le mur ; et elle sourit, cruelle. Du toit de la maison, de l'arbre du jardin, la neige qui fondait s'égouttait sur le sable avec un tintement fin. Au loin, des rires d'enfants qui se poursuivaient dans la rue, à coups de boules de neige. Anna semblait assoupie. Le silence torturait Christophe ; il eût crié de souffrance.

Enfin, la domestique descendit à l'étage au-dessous, et sortit de la maison. Christophe se leva, il se tourna vers Anna, il allait dire :

— Anna ! Anna ! qu'avons-nous fait ?

Anna le regardait ; ses yeux, obstinément baissés, venaient de se rouvrir ; ils posaient sur Christophe leur feu dévorant. Christophe reçut le choc dans ses yeux, et chancela ; tout ce qu'il voulait dire fut raturé, d'un trait. Ils allèrent l'un à l'autre, et de nouveau ils se saisirent...

L'ombre du soir se répandait. Leur sang grondait encore. Elle était allongée sur le lit, sa robe arrachée, les bras étendus, sans même faire un geste pour recouvrir son corps. Il s'était enfoncé la figure dans l'oreiller, et gémissait. Elle se souleva vers lui, elle lui souleva la tête, lui caressant les yeux, la bouche avec ses doigts ; elle approcha son visage, elle plongea son regard dans le regard de Christophe. Ses yeux avaient une profondeur de lac ; ils souriaient, indifférents aux peines. La conscience s'effaça. Il se tut. Des frissons les remuaient comme de grandes ondes...

Cette nuit-là, seul, rentré dans sa chambre, Christophe songea à se tuer.

Le jour suivant, à peine levé, il chercha Anna. C'était lui maintenant dont les yeux évitaient les yeux de l'autre. Dès qu'il les rencontrait, ce qu'il avait à dire fuyait de sa pensée. Il fit effort pourtant, et commença à parler de la lâcheté de leur acte. À peine eut-elle compris qu'elle lui ferma violemment la bouche avec sa main. Elle s'écarta de lui, les sourcils contractés, les lèvres serrées, avec une expression mauvaise. Il continua. Elle jeta par terre l'ouvrage qu'elle tenait, et ouvrit la porte, voulut sortir. Il lui empoigna les mains, il referma la porte, il dit amèrement qu'elle était bien heureuse de pouvoir effacer de son esprit toute idée du mal commis. Elle se débattait, comme un animal pris au piège, et elle cria avec colère :

— Tais-toi !... Lâche, tu ne vois donc pas ce que je souffre !... Je ne veux pas que tu parles. Laisse-moi !

Sa figure s'était creusée, son regard était haineux et peureux, comme celui d'une bête à qui l'on a fait mal ; ses yeux l'auraient tué, s'ils avaient pu. — Il la lâcha. Elle courut à l'autre coin de la pièce, pour se mettre à l'abri. Il n'avait pas envie de la poursuivre. Il avait le cœur serré d'amertume et d'effroi. Braun rentra. Ils le regardaient, stupides. Hors leur souffrance, rien n'existait pour eux.

Christophe sortit. Braun et Anna se mirent à table. Au milieu du dîner, Braun se leva brusquement pour ouvrir la fenêtre : Anna s'était évanouie.

Christophe disparut, pour quinze jours, de la ville, prétextant un voyage. Anna resta, toute la semaine, enfermée dans sa chambre, sauf aux heures des repas. Elle était reprise par sa conscience, ses habitudes, toute cette vie passée dont elle s'était crue dégagée, dont on ne se dégage jamais. Elle avait beau se fermer les yeux. Chaque jour, le souci cheminait davantage, allait plus loin dans son cœur ; il finit par s'y installer. Le dimanche suivant, elle refusa encore d'aller au temple. Mais le dimanche d'après, elle y retourna, et elle ne le quitta plus. Elle était vaincue, non soumise. Dieu était l'ennemi, — un ennemi dont elle ne pouvait se délivrer. Elle allait à lui, avec la sourde colère d'un esclave, forcé d'obéir. Son visage, pendant le culte, ne laissait voir qu'une froideur hostile ; mais dans les profondeurs de son âme, toute sa vie religieuse était une lutte farouche, d'une exaspération muette, contre le Maître, dont le reproche la persécutait. Elle feignait de ne pas l'entendre. Il *fallait* qu'elle l'entendît ; et elle discutait âprement avec Dieu, les mâchoires serrées, le front barré d'une ride entêtée, le regard dur. Elle pensait à Christophe avec haine. Elle ne lui pardonnait pas de l'avoir un instant arrachée à la prison de l'âme, et de l'y laisser retomber, en proie à ses bourreaux. Elle ne dormait plus ; elle ressassait, jour et nuit, les mêmes pensées torturantes ; elle ne se plaignait pas ; elle allait, obstinée, continuant de diriger tout dans la maison, de faire toute sa tâche, et gardant jusqu'au bout le caractère intraitable et têtu de sa volonté dans la vie quotidienne, dont elle accomplissait les besognes avec une régularité de machine. Elle s'amaigrissait, elle semblait rongée par un mal intérieur. Braun l'interrogea, avec une affection inquiète ; il voulut l'ausculter. Elle le repoussa rageusement. Plus elle avait de remords envers lui, plus elle lui parlait avec dureté.

Christophe avait résolu de ne plus revenir. Il se brisait de fatigue. Il faisait de grandes courses, des exercices pénibles, il ramait, il marchait, il grimpait des montagnes. Rien ne parvenait à éteindre le feu.

Il était plus livré à la passion que quiconque. C'est une nécessité de la nature des génies. Même les plus chastes, Beethoven, Bruckner, il faut qu'ils aiment constamment ; toutes les forces humaines chez eux sont exaltées ; et comme chez eux les forces sont captées par l'imagination, leur cerveau est la proie de passions perpétuelles. Ce ne sont le plus souvent que des flammes passagères ; l'une détruit l'autre ; et toutes sont absorbées par le grand incendie de l'esprit créateur. Mais que l'ardeur de la forge cesse de remplir l'âme, et l'âme sans défense est livrée aux passions dont elle ne peut se priver ; elle les veut, elle les crée ; il faut qu'elles le dévorent… — Et puis, à côté de l'âpre désir qui laboure la chair, il y a le besoin de tendresse qui pousse l'homme lassé et déçu par la vie vers les bras maternels de la consolatrice. Un grand homme est plus enfant qu'un autre ; plus qu'un autre, il a besoin de se confier à une femme, de reposer son front sur la paume des mains douces de l'amie, dans le creux de la robe tendue entre ses genoux.

Mais Christophe ne comprenait pas… Il ne croyait pas à la fatalité de la passion, — cette bêtise des romantiques. Il croyait au devoir et au pouvoir de lutter, à la force de sa volonté… Sa volonté ! Où était-elle ? Il n'en restait plus trace. Il était possédé. L'aiguillon du souvenir le harcelait, jour et nuit. L'odeur du corps d'Anna flottait autour de lui. Il était comme une lourde barque désemparée, sans gouvernail, livrée au vent. En vain, il voulait fuir, il s'épuisait à fuir : il se retrouvait toujours ramené à la même place ; et il criait au vent :

— Brise-moi donc ! Que veux-tu de moi ?

Il s'interrogeait fiévreusement. Pourquoi, pourquoi cette femme ?... Pourquoi l'aimait-il ? Ce n'était pas pour ses qualités de cœur et d'esprit. Il n'en manquait pas d'autres plus intelligentes et meilleures. Ce n'était pas pour sa chair. Il avait eu d'autres maîtresses, que ses sens préféraient. Qu'était-ce donc ? — « On aime, parce qu'on aime. » — Oui, mais il y a une raison, même si elle dépasse la raison ordinaire. Folie ? c'est ne rien dire. Pourquoi cette folie ?

Parce qu'il y a une âme cachée, des puissances aveugles, des démons, que chacun porte emprisonnés en soi. Tout notre effort, depuis que l'humanité existe, a été d'opposer à cette mer intérieure les digues de notre raison et de nos religions. Mais que vienne une tempête, (et les âmes plus riches sont plus sujettes aux tempêtes), que les digues aient cédé, que les démons aient le champ libre, qu'ils se trouvent en présence d'autres âmes que soulèvent des puissances semblables... Ils se jettent l'un sur l'autre. Haine, ou amour ? Fureur de destruction mutuelle ? — La passion, c'est l'âme de proie.

La mer est déchaînée. Qui la remettra dans son lit ? — Alors, il faut faire appel à plus puissant que soi. À Neptune, dieu des flots.

Après quinze Jours d'efforts inutiles pour fuir, Christophe revint dans la maison d'Anna. Il ne pouvait plus vivre loin d'elle. Il étouffait.

Cependant, il continuait de lutter. Le soir de son retour, ils trouvèrent des prétextes pour ne pas se voir, pour ne pas dîner ensemble ; la nuit, ils s'enfermèrent à clef, peureusement, chacun dans sa chambre. — Mais ce fut plus fort que tout. Au milieu de la nuit, elle s'enfuit pieds nus, elle vint frapper à sa porte ; il ouvrit ; elle s'étendit près de lui, glacée. Elle pleurait tout bas. Il sentait sur sa joue couler ces pleurs. Elle tâchait de s'apaiser ; mais sa peine l'emportait ; et elle sanglota, ses lèvres appuyées contre le cou de Christophe. Bouleversé par cette douleur, il oubliait la sienne ; il tentait de la calmer, en lui disant des mots tendres et consolants. Elle gémissait :

— Je suis malheureuse, je voudrais être morte...

Ses plaintes lui perçaient le cœur. Il voulut l'embrasser. Elle le repoussa :

— Je vous hais !... Pourquoi êtes-vous venu ?

Elle s'arracha de ses bras, se jeta de l'autre côté du lit. Le lit était étroit. Malgré leurs efforts pour s'éviter, ils se touchaient. Anna tournait le dos à Christophe et tremblait de rage et de douleur. Elle le haïssait, jusqu'à la mort. Christophe se taisait, atterré. Dans le silence, Anna entendit son souffle oppressé ; elle se retourna brusquement, lui mit ses bras autour du cou :

— Pauvre Christophe ! dit-elle, je te fais souffrir…

Pour la première fois, il lui entendait cette voix de pitié.

— Pardonne-moi, dit-elle.

Il dit :

— Pardonnons-nous.

Elle se souleva, comme si elle ne pouvait plus respirer. Assise dans le lit, courbant le dos, accablée, elle dit :

— Je suis perdue… Dieu l'a voulu. Il m'a livrée… Que puis-je contre Lui ?

Elle resta ainsi longtemps, puis se recoucha, et ne bougea plus. Une faible lueur annonça l'aube. Dans le demi-jour, il vit le douloureux visage qui touchait le sien. Il murmura :

— Le jour.

Elle ne fit pas un mouvement.

Il dit :

— Soit. Qu'importe ?

Elle rouvrit les yeux, sortit du lit, avec une expression de lassitude mortelle. Assise sur le bord, elle regardait le plancher. D'une voix sans couleur, elle dit :

— J'ai pensé le tuer, cette nuit.

Il eut un sursaut d'effroi.

— Anna ! dit-il.

Elle fixait la fenêtre, d'un air sombre.

— Anna ! répéta-t-il. Au nom du ciel !... Pas lui !... Il est le meilleur...

Elle répéta :

— Pas lui. Oui.

Ils se regardèrent.

Il y avait longtemps qu'ils le savaient. Ils savaient quelle était la seule issue. Ils ne pouvaient supporter de vivre dans le mensonge. Et jamais ils n'avaient envisagé même la possibilité de s'enfuir ensemble. Ils n'ignoraient pas que cela ne résoudrait rien : car la pire souffrance n'était pas dans les obstacles extérieurs qui les séparaient, mais en eux, dans leurs âmes différentes. Il leur était aussi impossible de vivre ensemble que de ne pas vivre ensemble. Ils étaient acculés.

À partir de ce moment, ils ne se touchèrent plus : l'ombre de la mort était sur eux ; ils étaient sacrés l'un pour l'autre.

Mais ils évitaient de se fixer un délai. Ils se disaient : « Demain, demain... » Et de ce demain ils détournaient les yeux. L'âme puissante de Christophe avait des sursauts de révolte ; il ne consentait pas à la défaite ; il méprisait le suicide, et il ne pouvait se résigner à cette conclusion piteuse et écourtée d'une grande vie. Quant à Anna, comment eût-elle accepté sans y être contrainte l'idée d'une mort qui menait à la mort éternelle ? Mais la nécessité meurtrière les traquait, et le cercle se resserrait peu à peu autour d'eux.

Ce matin, pour la première fois depuis sa trahison, Christophe se trouva avec Braun. Jusque-là, il avait réussi à l'éviter. Cette rencontre lui était intolérable. Il lui fallut trouver un prétexte pour ne pas manger à table, assis à ses côtés : les morceaux lui restaient dans la gorge. Serrer sa main, manger son pain, le baiser de Judas !... Le plus odieux n'était pas le mépris qu'il éprouvait pour lui-même, c'était l'angoisse de la souffrance de Braun, s'il venait à apprendre... Cette pensée le crucifiait. Il savait trop bien que le pauvre Braun ne se vengerait jamais, qu'il n'aurait peut-être pas même la force de les haïr ; mais quel écroulement !... De quels yeux le regarderait-il ! Christophe se sentait incapable d'affronter le reproche de ces yeux. — Et il était fatal que tôt ou tard Braun fût averti. Déjà, ne soupçonnait-il rien ? En le revoyant après une absence de quinze jours, Christophe fut frappé du changement : Braun n'était plus le même. Sa gaieté avait disparu, ou elle avait quelque chose de contraint. À table, il jetait à la dérobée des regards sur Anna, qui ne parlait pas, qui ne mangeait pas, qui se consumait comme une lampe. Avec des prévenances timides et touchantes, il essaya de s'occuper d'elle ; elle repoussa ses attentions, âprement ; alors, il baissa le nez sur son assiette et se tut. Au milieu du repas, Anna, qui étouffait, jeta sa serviette sur la table, et sortit. Les deux hommes achevèrent en silence de dîner, ou ils firent semblant ; ils n'osaient pas lever les yeux. Quand ce fut fini, Christophe allait partir, Braun lui prit brusquement le bras avec les deux mains.

— Christophe !... dit-il.

Christophe, troublé, le regarda.

— Christophe, répéta Braun, — (sa voix tremblait), — sais-tu ce qu'elle a ?

Christophe se sentit transpercé ; il fut un moment sans répondre. Braun le regardait timidement ; très vite, il s'excusait :

— Tu la vois souvent, elle a confiance en toi...

Christophe fut sur le point d'embrasser les mains de Braun, de lui demander pardon. Braun vit le visage bouleversé de Christophe ; et aussitôt, terrifié, il ne voulut plus voir ; le suppliant du regard, il bredouilla précipitamment, il lui souffla :

— Non, n'est-ce pas ? tu ne sais rien ?

Christophe, accablé, dit :

— Non.

Ô douleur de ne pouvoir s'accuser, s'humilier, puisque ce serait déchirer le cœur de celui qu'on a outragé ! Douleur de ne pouvoir dire la vérité, quand on lit dans les yeux de celui qui vous la demande, qu'il ne veut pas, il ne veut pas savoir la vérité !...

— Bien, bien, merci, je te remercie... fit Braun.

Il restait, les mains accrochées à la manche de Christophe, comme s'il voulait lui demander encore quelque chose, n'osant pas, évitant ses yeux. Puis, il le lâcha, soupira, et s'en alla.

Christophe était écrasé par son nouveau mensonge. Il courut chez Anna. Il lui raconta, en bégayant de trouble, ce qui s'était passé. Anna écouta, d'un air morne, et dit :

— Eh bien, qu'il sache ! Qu'importe ?

— Comment pouvez-vous parler ainsi ? cria Christophe. C'est affreux ! À aucun prix, à aucun prix, je ne veux qu'il souffre.

Anna s'emporta.

— Et quand il souffrirait ? Est-ce que je ne souffre pas, moi ? Qu'il souffre aussi !

Ils se dirent des paroles amères. Il l'accusa de n'aimer qu'elle. Elle lui reprocha de penser plus à son mari qu'à elle.

Mais un moment après, quand il lui dit qu'il ne pouvait plus vivre ainsi, qu'il allait tout avouer à Braun, ce fut elle à son tour qui le traita d'égoïste, criant qu'elle se souciait peu de la conscience de Christophe, mais que Braun ne devait rien savoir.

Malgré ses dures paroles, elle pensait à Braun, autant que Christophe. Sans avoir pour son mari d'affection véritable, elle lui était attachée. Elle avait le respect religieux des liens sociaux et des devoirs qu'ils établissent. Elle ne pensait peut-être pas que l'épouse eût le devoir d'être bonne et d'aimer son mari ; mais elle pensait qu'elle était obligée de remplir scrupuleusement les charges du ménage et de rester fidèle. Il lui semblait ignoble de manquer à cette obligation, ainsi qu'elle avait fait.

Et mieux encore que Christophe, elle savait que Braun devait tout apprendre bientôt. Elle avait quelque mérite à le cacher à Christophe, soit qu'elle ne voulût pas ajouter à son trouble, soit plutôt par fierté.

Si fermée que fût la maison de Braun, si secrète que restât la tragédie bourgeoise qui s'y jouait, quelque chose en avait déjà transpiré, au dehors.

Dans cette ville, nul ne peut se flatter de cacher sa vie. C'est là un fait étrange. Dans les rues, personne ne vous regarde ; les portes des maisons et les volets sont clos. Mais il y a des miroirs accrochés au coin des fenêtres ; et l'on entend, quand on passe, le bruit sec des persiennes qui s'entr'ouvrent et se referment. Personne ne se soucie de vous ; il semble qu'on vous ignore ; mais vous ne tardez pas à vous apercevoir qu'aucune de vos paroles, aucun de vos gestes n'a été perdu : on sait ce que vous avez fait, ce que vous avez dit, ce que vous avez vu, ce que vous avez mangé ; on sait même, on se flatte de savoir ce que vous avez pensé. Une surveillance occulte, universelle, vous enveloppe. Domestiques, fournisseurs, parents, amis, indifférents, passants inconnus, tous collaborent, d'un consentement tacite, à cet espionnage instinctif dont les éléments dispersés se centralisent, on ne sait comment. On n'observe pas seulement vos actes, on scrute votre cœur. Dans cette ville, nul n'a le droit de réserver le secret de sa conscience ; et chacun a le droit de se pencher sur vous, de fouiller dans vos pensées intimes, et, si elles choquent l'opinion, de vous en demander compte. L'invisible despotisme de l'âme collective pèse sur l'individu ; il est, toute sa vie, comme un enfant en tutelle ; rien de lui n'est à lui : il appartient à la ville.

Il avait suffi qu'Anna s'abstînt, deux dimanches de suite, de paraître à l'église, pour éveiller les soupçons. En temps ordinaire, nul ne semblait remarquer sa présence au culte ; elle vivait à l'écart, et la ville, eût-on dit, oubliait qu'elle existât. — Le soir du premier dimanche où elle n'était pas venue, son absence était partout connue, consignée dans le souvenir. Le dimanche suivant, aucun des pieux regards qui suivaient les paroles saintes dans le Livre, ou sur les lèvres du pasteur, ne parut distrait de sa grave attention ; aucun n'avait omis de constater à l'entrée, de vérifier à la sortie que la place d'Anna était demeurée vide. Le lendemain, Anna commençait à recevoir la visite de personnes qu'elle n'avait point vues depuis plusieurs mois ; elles venaient, sous des prétextes variés, les unes craignant qu'elle ne fût malade, les autres prenant un intérêt nouveau à ses affaires, à son mari, à sa maison ; quelques-unes se montraient singulièrement bien informées de ce qui se passait chez elle ; aucune ne fit allusion — (par une maladroite adresse) — à son abstention de deux dimanches au culte. Anna se dit souffrante, parla de ses occupations. Les visiteuses l'écoutaient attentives, approuvaient : Anna savait qu'elles ne croyaient pas un mot de ce qu'elle disait. Leur regard se promenait autour d'elles, dans la chambre, fouillait, notait, enregistrait. Elles ne se départaient pas de leur bonhomie froide, au débit bruyant et affecté ; mais on voyait dans leurs yeux la curiosité indiscrète qui les dévorait. Deux ou trois demandèrent, avec une indifférence exagérée, des nouvelles de M. Krafft.

Quelques jours après, — (c'était pendant l'absence de Christophe), — le pasteur vint lui-même. Bel homme, et bonhomme, de santé florissante, affable, avec la tranquillité imperturbable que donne la conscience d'avoir à soi la vérité, toute la vérité. Il s'enquit avec sollicitude de la santé de sa cliente, écouta poli et distrait les excuses qu'elle lui donna, et qu'il ne demandait pas, accepta une tasse de thé, plaisanta agréablement, à propos de boisson émit l'opinion que le vin dont il était fait mention dans la Bible n'était pas une boisson alcoolisée, fit quelques citations, raconta une anecdote, et, au moment de partir, eut une allusion obscure au danger des mauvaises compagnies, à certaines promenades, à l'esprit d'impiété, à l'impureté de la danse, aux sales convoitises. Il paraissait s'adresser au siècle en général, non à Anna. Il se tut un moment, toussa, se leva, chargea Anna de ses compliments cérémonieux pour monsieur Braun, fit une plaisanterie en latin, salua et sortit. — Anna resta glacée par l'allusion. Était-ce une allusion ? Comment aurait-il pu savoir la promenade de Christophe et d'Anna ? Ils n'avaient rencontré là-bas personne qui les connût. Mais tout ne se sait-il pas, dans cette ville ? Le musicien à la figure caractéristique et la jeune femme en noir qui dansaient à l'auberge s'étaient fait remarquer ; leur signalement avait été donné ; et comme tout se répète, le bruit en était venu en ville, où la malveillance éveillée n'avait pas manqué de reconnaître Anna. Sans doute, ce n'était encore là qu'un soupçon, mais singulièrement attirant, et auquel s'ajoutaient les renseignements fournis par la domestique même d'Anna. La curiosité publique était maintenant aux aguets, attendant qu'ils se compromissent, les épiant par mille yeux invisibles. La ville silencieuse et sournoise les traquait, comme un chat à l'affût.

Malgré le danger, Anna n'eût peut-être pas cédé ; peut-être le sentiment de cette lâche hostilité l'eût-elle poussée à la provoquer rageusement, si elle n'avait porté en elle l'esprit pharisaïque de cette société qui lui était ennemie. L'éducation avait asservi sa nature. Elle avait beau juger la tyrannie et la niaiserie de l'opinion : elle la respectait ; elle souscrivait à ses arrêts, même quand ils la frappaient ; s'ils avaient été en opposition avec sa conscience, elle eût donné tort à sa conscience. Elle méprisait la ville ; et le mépris de la ville lui eût été impossible à supporter.

Or, le moment venait où l'occasion allait s'offrir à la médisance publique de s'épancher. Le carnaval approchait.

Le carnaval, dans cette ville, avait gardé jusqu'au temps où se déroule cette histoire — (il a bien changé, depuis) — un caractère de licence et d'âpreté archaïque. Fidèle à ses origines, où il était une détente au dévergondage de l'esprit humain asservi, volontairement ou non, au joug de la raison, nulle part il n'eut plus d'audace qu'aux époques et dans les pays où pesaient le plus lourdement les mœurs et les lois, gardiennes de la raison. Aussi la ville d'Anna devait-elle rester une de ses terres d'élection. Plus le rigorisme moral y paralysait les gestes, y bâillonnait les voix, plus durant quelques jours les gestes étaient hardis et les voix affranchies. Tout ce qui s'amassait dans les bas-fonds de l'âme : jalousies, haines secrètes, curiosité impudique, instincts de malveillance inhérents à la bête sociable, crevaient d'un coup avec le fracas et la joie d'une revanche. Chacun avait le droit de descendre dans la rue et, masqué prudemment, de clouer au pilori, en pleine place publique, celui qu'il détestait, d'étaler aux passants tout ce que lui avait appris un an d'efforts patients, tout son trésor de secrets scandaleux, goutte à goutte amassés. Tel en faisait la parade sur des chars. Tel promenait des lanternes transparentes, où s'affichait en inscriptions et en images l'histoire secrète de la ville. Tel osait même se faire le masque de son ennemi, si facilement reconnaissable que les polissons du ruisseau le désignaient de son nom. Des journaux de médisances paraissaient pendant ces trois jours. Des gens de la société se mêlaient sournoisement à ce jeu de *Pasquino*. Nul contrôle exercé, sauf pour les allusions politiques, — cette âpre liberté ayant été la cause, à diverses reprises, de contestations entre le gouvernement de la ville et les représentants des États étrangers. Mais rien ne protégeait les citoyens contre les citoyens ; et cette appréhension de l'outrage public, constamment suspendue, ne devait pas peu contribuer à maintenir dans les mœurs l'apparence impeccable dont la ville s'honorait.

Anna était sous le poids de cette peur, — d'ailleurs injustifiée. Elle avait bien peu de raisons de craindre. Elle tenait trop peu de place dans l'opinion de la ville pour qu'on eût seulement l'idée de l'attaquer. Mais dans l'isolement absolu où elle se murait, dans l'état d'épuisement et de surexcitation nerveuse où l'avaient mise plusieurs semaines d'insomnies et de souffrances morales, son imagination était prête à accueillir les terreurs les plus déraisonnables. Elle s'exagérait l'animosité de ceux qui ne l'aimaient point. Elle se disait que les soupçons étaient sur sa piste ; il suffisait d'un rien pour la perdre ; et qui l'assurait que ce n'était pas chose faite ? Alors, c'était l'injure, le déshabillage sans pitié, l'étalage de son cœur offert en proie aux passants : un déshonneur si cruel qu'Anna mourait de honte en y songeant. On se contait que, quelques années avant, une jeune fille, livrée à cette persécution, avait dû fuir du pays avec les siens... Et l'on ne pouvait rien, rien faire pour se défendre, rien faire pour l'empêcher, rien faire même pour savoir ce qui allait arriver. Le doute était plus affolant encore que la certitude. Anna jetait autour d'elle des yeux de bête aux abois. Dans sa propre maison, elle se savait cernée.

La domestique d'Anna avait passé la quarantaine : elle se nommait Bäbi : grande, forte, la face rétrécie et décharnée aux tempes et au front, large et longue à la base, soufflée sous la mâchoire, telle une poire tapée ; elle avait un sourire perpétuel et des yeux perçants comme des vrilles, enfoncés, sucés en dedans, sous des paupières rouges aux cils invisibles. Elle ne se départait pas d'une expression de gaieté mignarde : toujours enchantée des maîtres, toujours de leur avis, s'inquiétant de leur santé avec un intérêt attendri ; souriant, quand on lui donnait des ordres ; souriant, quand on lui faisait des reproches. Braun la croyait d'un dévouement à toute épreuve. Son air béat faisait contraste avec la froideur d'Anna. En beaucoup de choses pourtant, elle lui ressemblait : comme elle, parlant peu, vêtue d'une façon sévère et soignée ; comme elle, fort dévote, l'accompagnant au culte, accomplissant exactement ses devoirs de piété, ayant le souci scrupuleux de ses devoirs de maison : propreté, ponctualité, mœurs et cuisine sans reproches. Elle était, en un mot, une servante exemplaire, et le type accompli de l'ennemie domestique. Anna, dont l'instinct féminin ne se trompait guère sur les pensées secrètes des femmes, ne se faisait aucune illusion à son égard. Elles se détestaient, le savaient, et ne s'en montraient rien.

La nuit qui suivit le retour de Christophe, lorsque Anna, en proie à ses tourments, alla le retrouver, malgré la résolution qu'elle avait prise de ne plus le revoir jamais, elle venait furtivement, tâtonnant les murs, dans les ténèbres ; elle était près d'entrer dans la chambre de Christophe, quand elle sentit sous ses pieds nus, au lieu du contact habituel du parquet lisse et froid, une poussière tiède qui s'écrasait mollement. Elle se baissa, toucha avec les mains, et comprit : une mince couche de cendres fines avait été répandue dans toute la largeur du couloir, sur un espace de deux à trois mètres. C'était Bäbi qui avait, sans le savoir, retrouvé la vieille ruse employée, au temps des lais bretons, par le nain Frocin pour surprendre Tristan se rendant au lit d'Yseut : tant il est vrai qu'un nombre restreint de types, dans le bien comme dans le mal, servent pour tous les siècles. Grande preuve en faveur de la sage économie de l'univers ! — Anna n'hésita point ; elle n'en continua pas moins son chemin, par une sorte de bravade méprisante ; elle entra chez Christophe, ne lui parla de rien, malgré son inquiétude ; mais au retour, elle prit le balai du poêle, et effaça soigneusement sur la cendre la trace de ses pas, après qu'elle eut passé. — Quand Anna et Bäbi se retrouvèrent, dans la matinée, ce fut, l'une avec sa froideur, l'autre avec son sourire accoutumés.

Bäbi recevait parfois la visite d'un parent un peu plus âgé qu'elle ; il remplissait au temple les fonctions de gardien ;

on le voyait, à l'heure du *Gottesdienst* (du service divin), faire sentinelle devant la porte de l'église, avec un brassard blanc à raies noires et gland d'argent, appuyé sur un jonc à bec recourbé. De son métier, il était fabricant de cercueils. Il se nommait Sami Witschi. Il était très grand, maigre, la tête un peu penchée, avec une face rasée et sérieuse de vieux paysan. Il était pieux, et connaissait comme pas un tous les bruits qui couraient sur toutes les âmes de sa paroisse. Bäbi et Sami pensaient à s'épouser ; ils appréciaient, l'un dans l'autre, leurs qualités sérieuses, leur foi solide et leur méchanceté. Mais ils ne se pressaient pas de conclure ; ils s'observaient prudemment. — Dans les derniers temps, les visites de Sami étaient devenues plus fréquentes. Il entrait sans qu'on le sût. Toutes les fois qu'Anna passait près de la cuisine, par la porte vitrée elle apercevait Sami assis près du fourneau, et Bäbi à quelques pas, cousant. Ils avaient beau parler, on n'entendait aucun bruit. On voyait la figure épanouie de Bäbi et ses lèvres qui remuaient ; la grande bouche sévère de Sami se plissait, sans s'ouvrir, d'un rire grimaçant : rien ne sortait du gosier ; la maison semblait muette. Quand Anna entrait dans la cuisine, Sami se levait respectueusement et restait debout, sans parler, jusqu'à ce qu'elle fût sortie. Bäbi, en entendant la porte qui s'ouvrait, interrompait avec affectation un sujet indifférent, et tournait vers Anna un sourire obséquieux, en attendant ses ordres. Anna pensait qu'ils parlaient d'elle ; mais elle les méprisait trop pour s'abaisser à les écouter en cachette.

Le jour après qu'Anna eut déjoué le piège ingénieux des cendres, entrant dans la cuisine, le premier objet qu'elle vit, ce fut, dans les mains de Sami, le petit balai dont elle s'était servie, la nuit, pour effacer l'empreinte de ses pieds nus. Elle l'avait pris dans la chambre de Christophe ; et à cette minute même, elle se ressouvint brusquement qu'elle avait oublié de l'y reporter ; elle l'avait laissé dans sa propre chambre, où les yeux perçants de Bäbi l'avaient aussitôt remarqué. Les deux compères n'avaient pas manqué de reconstituer l'histoire. Anna ne broncha point. Bäbi, suivant le regard de sa maîtresse, sourit avec exagération, et expliqua :

— Le balai était cassé ; je l'ai donné à Sami, pour qu'il le réparât.

Anna ne se donna pas la peine de relever le grossier mensonge ; elle ne parut même pas entendre ; elle regarda l'ouvrage de Bäbi, fit ses observations, et sortit, impassible. Mais, la porte fermée, elle perdit toute fierté ; elle ne put s'empêcher d'écouter, cachée dans l'angle du corridor — (elle était humiliée jusqu'à l'âme de recourir à de pareils moyens : la peur la domptait). — Un gloussement de rire très bref. Puis, un chuchotement, si bas qu'on ne pouvait rien distinguer. Mais, dans son affolement, Anna croyait entendre ; sa terreur lui soufflait les mots qu'elle craignait d'entendre ; elle s'imagina qu'ils parlaient des mascarades prochaines et d'un charivari. Nul doute : ils voulaient y introduire l'épisode des cendres. Probablement, elle se trompait ; mais au point d'exaltation morbide où elle était hantée depuis quinze jours par l'idée fixe de l'avanie, elle ne s'arrêta même pas à considérer l'incertain comme possible, elle le regarda comme certain.

Dès lors, sa décision fut prise.

Le soir du même jour — (c'était le mercredi qui précède les jours gras), — Braun fut appelé en consultation, à une vingtaine de kilomètres de la ville : il ne devait revenir que le lendemain matin. Anna ne descendit pas dîner, et resta dans sa chambre. Elle avait choisi cette nuit pour exécuter l'engagement tacite qu'elle avait souscrit. Mais elle avait décidé de l'exécuter seule, sans rien dire à Christophe. Elle le méprisait. Elle pensait :

— Il a promis. Mais il est homme, il est égoïste et menteur, il a son art, il aura vite oublié.

Et puis, il y avait peut-être, dans ce cœur violent qui semblait inaccessible à la bonté, il y avait peut-être place pour un sentiment de pitié, à l'égard de son compagnon. Mais elle était trop rude et trop passionnée pour se l'avouer.

Bäbi dit à Christophe que sa maîtresse la chargeait de l'excuser, qu'elle était un peu souffrante et voulait se reposer. Christophe soupa donc seul, sous la surveillance de

Bäbi, qui le fatiguait de son verbiage, tâchait de le faire parler, et protestait pour Anna d'un zèle si outré que Christophe, malgré la facilité qu'il avait à croire dans la bonne foi des gens, fut mis en défiance. Il comptait justement profiter de cette soirée pour avoir avec Anna un entretien décisif. Lui non plus, il ne pouvait différer davantage. Il n'avait pas oublié l'engagement qu'ils avaient pris ensemble, à l'aube de cette triste journée. Il était prêt à le tenir si Anna l'exigeait. Mais il voyait l'absurdité de cette double mort, qui ne résolvait rien, et dont la douleur et le scandale devaient retomber sur Braun. Il pensait que le mieux était qu'ils s'arrachassent l'un à l'autre, qu'il essayât encore une fois de partir, — si du moins il avait la force de rester éloigné d'elle : il en doutait, après l'épreuve inutile qu'il venait de faire ; mais il se disait qu'au cas où il ne pourrait le supporter, il aurait toujours le temps de recourir, seul, sans que personne en sût rien, au suprême moyen.

Il espéra qu'après le souper il pourrait s'échapper un moment pour monter dans la chambre d'Anna. Mais Bäbi ne quittait point ses pas. D'habitude, elle terminait de bonne heure son ouvrage ; ce soir-là, elle n'en finit plus de laver la cuisine ; et lorsque Christophe crut en être délivré, elle inventa de ranger un placard dans le corridor qui menait à la chambre d'Anna. Christophe la trouva solidement installée sur un escabeau ; il comprit qu'elle ne délogerait pas, de toute la soirée. Il sentait une furieuse démangeaison de la jeter en bas avec ses piles d'assiettes ; mais il se contint et la pria d'aller voir comment sa maîtresse se trouvait, et s'il ne pourrait lui souhaiter le bonsoir. Bäbi alla, revint, et dit, en l'observant avec une joie maligne, que Madame allait mieux, qu'elle avait sommeil et demandait que personne n'entrât. Christophe, irrité et nerveux, essaya de lire, ne put, et monta dans sa chambre. Bäbi guetta sa lumière jusqu'à ce qu'elle fût éteinte, et monta à son tour, se promettant de veiller ; elle eut la précaution de laisser sa porte entr'ouverte, afin de pouvoir entendre tous les bruits de la maison. Malheureusement pour elle, elle ne pouvait se mettre au lit sans s'endormir aussitôt, et d'un sommeil si puissant que ni le tonnerre, ni sa curiosité même, n'eussent été capables de l'éveiller, avant qu'il fût jour. Ce sommeil n'était un secret pour personne. L'écho en arrivait jusqu'à l'étage au-dessous.

Dès que Christophe entendit ce bruit familier, il alla chez Anna. Il fallait qu'il lui parlât. Une inquiétude le travaillait. Il arriva à la porte, il tourna le bouton : la porte était fermée. Il frappa doucement : point de réponse. Il colla sa bouche contre la serrure, supplia à voix basse, puis avec insistance : nul mouvement, nul bruit. Il avait beau se dire qu'Anna dormait, une angoisse le prit. Et comme, tâchant vainement d'entendre, il appuyait sa joue contre la porte, une odeur le frappa, qui semblait sortir du seuil ; il se pencha, et il la reconnut : c'était l'odeur du gaz. Son sang se glaça. Il secoua la porte, sans penser qu'il pouvait réveiller Bäbi : la porte ne céda pas... Il avait compris : Anna avait, dans le cabinet de toilette attenant à sa chambre, un petit poêle à gaz ; elle l'avait ouvert. Il fallait défoncer la porte ; mais dans son trouble, Christophe garda assez de raison pour se rappeler qu'à aucun prix Bäbi ne devait entendre. Il pesa sur un des battants, d'une énorme poussée, en silence. La porte, solide et bien close, craqua sur ses gonds, mais ne bougea point. Une autre porte donnait accès de la chambre d'Anna au cabinet de Braun. Il y courut. Elle était également fermée ; mais ici, la serrure était en dehors. Il entreprit de l'arracher. Ce n'était pas aisé. Il devait enlever les quatre grosses vis, encastrées dans le bois. Il n'avait que son couteau ; et il ne voyait rien : car il n'osait pas allumer une bougie ; il eût risqué de faire sauter l'appartement. En tâtonnant, il réussit à introduire son couteau dans la tête d'une vis, puis d'une autre, cassant les lames, se coupant ; il lui semblait que les vis étaient d'une longueur diabolique, qu'il ne finirait jamais de les arracher ; et en même temps, dans sa précipitation fébrile qui lui inondait le corps d'une sueur glacée, un souvenir d'enfance lui revenait à l'esprit : il se revoyait, à dix ans, enfermé par punition dans le cabinet noir ; il avait enlevé la serrure et fui de la maison... La dernière vis céda. La serrure sortit, avec un grésillement de sciure de bois. Christophe se précipita dans la chambre, courut à la fenêtre, l'ouvrit. Une nappe d'air froid entra. Christophe, trébuchant aux meubles, dans l'obscurité trouva le lit, tâtonna, rencontra le corps d'Anna, de ses mains frémissantes palpa à travers les draps les jambes immobiles, remonta jusqu'à la taille : Anna était assise sur son lit, et tremblait. Elle n'avait pas eu le temps d'éprouver les premiers effets de l'asphyxie : la chambre était haute de plafond ; l'air circulait par les fentes de la fenêtre et des portes mal jointes. Christophe la prit dans ses bras. Elle se dégagea avec fureur, criant :

— Allez-vous-en !… Ah ! qu'est-ce que vous avez fait ?

Elle leva les bras pour le frapper ; mais elle était brisée d'émotion : elle retomba sur l'oreiller ; elle sanglotait :

— Ho ! ho ! tout est à recommencer !

Christophe lui prit les mains, l'embrassant, la grondant, lui disant des paroles tendres et rudes :

— Mourir ! Et mourir seule, sans moi !

— Oh ! toi ! dit-elle amèrement.

Son ton disait assez :

— Toi, tu veux vivre.

Il la rudoya, il voulut violenter sa volonté.

— Folle ! dit-il, tu ne sais donc pas que tu pouvais faire sauter la maison !

— C'était ce que je voulais, fit-elle avec rage.

Il tâcha de réveiller ses craintes religieuses : c'était la corde juste. À peine y eut-il touché qu'elle commença à crier, à le supplier de se taire. Il persista sans pitié, pensant que c'était le seul moyen de ramener en elle la volonté de vivre. Elle ne disait plus rien, elle avait des hoquets convulsifs. Quand il eut fini, elle lui dit, d'un ton de haine concentrée :

— Tu es content maintenant ? Tu as bien travaillé ? Tu as achevé de me désespérer. Et maintenant, qu'est-ce que je vais faire ?

— Vivre, dit-il.

— Vivre ! cria-t-elle, mais tu ne sais donc pas que c'est impossible ! Tu ne sais rien ! Tu ne sais rien !

Il demanda :

— Qu'y a-t-il ?

Elle haussa les épaules :

— Écoute.

Elle lui raconta, en phrases brèves, hachées, tout ce qu'elle lui avait caché jusqu'à présent : l'espionnage de Bäbi, les cendres, la scène avec Sami, le carnaval, l'affront imminent. Elle ne distinguait plus, en racontant, ce que sa crainte avait forgé de ce qu'elle avait raison de craindre. Il écoutait, consterné, plus incapable qu'elle encore de discerner, dans le récit, le danger réel de l'imaginaire. Il était à mille lieues de soupçonner la chasse qu'on leur faisait. Il cherchait à comprendre ; il ne pouvait rien dire : contre de tels ennemis il était désarmé. Il sentait seulement une fureur aveugle, le désir de frapper. Il dit :

— Pourquoi n'as-tu pas chassé Bäbi ?

Elle dédaigna de répondre. Bäbi chassée eût été plus venimeuse encore que Bäbi tolérée ; et Christophe comprit le non-sens de sa question. Ses pensées se heurtaient ; il cherchait un parti à prendre, une action immédiate. Il dit, les poings crispés :

— Je les tuerai.

— Qui ? fit-elle, méprisante pour ces mots inutiles.

Sa force tomba. Il se sentit perdu dans ce réseau de trahisons obscures, où l'on ne pouvait rien saisir, où tous étaient complices. Il se débattait.

— Lâches ! cria-t-il, accablé.

Il s'effondra, à genoux devant le lit, son visage pressé contre le corps d'Anna. — Ils se turent. Elle éprouvait un mélange de mépris et de pitié pour cet homme qui ne savait ni la défendre, ni se défendre. Il sentait contre sa joue trembler de froid les jambes d'Anna. La fenêtre était restée ouverte, et dehors il gelait : on voyait, dans le ciel lisse comme un miroir, frissonner les étoiles glacées.

Quand elle eut savouré l'amère jouissance de le voir brisé comme elle, elle dit, d'un ton dur et lassé :

— Allumez une bougie.

Il alluma. Anna claquait des dents, ramassée sur elle-même, les bras serrés contre les seins, les genoux repliés sous le menton Il ferma la fenêtre. Il s'assit sur le lit. Il prit dans ses mains les pieds d'Anna, d'un froid de glace, il les réchauffa avec sa bouche, avec ses mains. Elle fut attendrie.

— Christophe ! dit-elle.

Elle avait des yeux lamentables.

— Anna ! dit-il.

— Qu'allons-nous faire ?

Il la regarda, et dit :

— Mourir.

Elle eut un cri de joie :

— Oh ! tu veux bien ? tu veux aussi ?… Je ne serai pas seule !

Elle l'embrassait.

— Croyais-tu donc que j'allais te laisser ?

Elle répondit, à voix basse :

— Oui.

Il sentit ce qu'elle avait dû souffrir.

Après quelques instants, il l'interrogea du regard. Elle comprit :

— Dans le bureau, dit-elle. À droite. Le tiroir du bas.

Il alla et chercha. Tout au fond, il vit un revolver. Braun l'avait acheté, quand il était étudiant. Il ne s'en était jamais servi. Dans une boîte crevée, Christophe trouva quelques cartouches. Il les rapporta vers le lit. Anna regarda, et détourna aussitôt les yeux vers la ruelle. Christophe attendit, puis il demanda :

— Tu ne veux plus ?

Anna se retourna vivement :

— Je veux… Vite !

Elle pensait :

— Rien ne peut plus me sauver maintenant de l'abîme éternel. Un peu plus, un peu moins, ce sera toujours de même.

Christophe chargea maladroitement le revolver.

— Anna, dit-il d'une voix tremblante, l'un des deux verra mourir l'autre.

Elle lui arracha l'arme des mains, et dit avec égoïsme :

— Moi, d'abord.

Ils se regardèrent encore... Hélas ! dans ce moment même où ils allaient mourir l'un pour l'autre, ils se sentaient si loin l'un de l'autre !... Chacun pensait, avec terreur :

— Mais qu'est-ce que je fais ? Qu'est-ce que je fais ?

Et chacun le lisait dans les yeux de l'autre. L'absurdité de l'acte frappait surtout Christophe. Toute sa vie, inutile ; inutiles, ses luttes ; inutiles, ses souffrances ; inutiles, ses espoirs ; tout gâché, jeté au vent ; un geste médiocre allait tout effacer... Dans son état normal, il eût arraché le revolver des mains d'Anna, il l'eût jeté par la fenêtre, il eût crié :

— Non ! non ! Je ne veux pas.

Mais huit mois de souffrances, de doutes et de deuil torturants, et par là-dessus cette rafale de passion démente, avaient ruiné ses forces, brisé sa volonté ; il sentait qu'il n'y pouvait plus rien, il n'était plus le maître... Ah ! qu'importe, après tout ?

Anna, sûre de la mort éternelle, tendait son être dans la possession de cette dernière minute de vie : la figure douloureuse de Christophe, éclairée par la bougie vacillante, les ombres sur le mur, un bruit de pas dans la rue, le contact de l'acier qu'elle tenait dans sa main... Elle s'accrochait à ces sensations, comme un naufragé à l'épave qui s'enfonce avec lui. Après, tout était terreur. Pourquoi ne pas prolonger l'attente ? Mais elle se répéta :

— Il faut…

Elle dit adieu à Christophe, sans tendresse, avec la hâte d'un voyageur pressé qui craint de manquer le train ; elle ouvrit sa chemise, tâta le cœur, et y appuya le canon du revolver. Christophe, agenouillé, se cachait la figure dans les draps. Au moment de tirer, elle posa sa main gauche sur la main de Christophe. Le geste d'un enfant qui a peur de marcher dans la nuit…

Alors s'écoulèrent quelques secondes effroyables… Anna ne tirait pas. Christophe voulait relever la tête, il voulait lui saisir le bras ; et il craignait que son mouvement même ne la décidât à tirer. Il n'entendait plus rien, il perdait connaissance… Un gémissement d'Anna lui traversa le cœur. Il se redressa. Il vit Anna, le visage décomposé de terreur. Le revolver était tombé sur le lit, devant elle. Elle répétait plaintivement :

— Christophe !… Le coup n'est pas parti !…

Il prit l'arme ; le long oubli où elle était restée l'avait rouillée ; mais le fonctionnement était bon. Peut-être la cartouche avait-elle été détériorée par l'air. — Anna tendit la main vers le revolver.

— Assez ! supplia-t-il.

Elle ordonna :

— Les cartouches !

Il les lui remit. Elle les examina, en prit une, chargea sans cesser de trembler, appuya de nouveau l'arme sur son sein, et tira. — Le coup rata encore.

Anna jeta le revolver dans la chambre.

— Ah ! c'est trop ! c'est trop ! cria-t-elle. *Il* ne veut pas que je meure !

Elle se tordait dans ses draps ; elle était comme folle. Il voulut l'approcher ; elle le repoussa, avec des cris. Enfin, elle eut une attaque de nerfs. Christophe resta près d'elle, jusqu'au matin. Elle finit par se calmer ; mais elle était sans souffle, les yeux fermés, les os du front et les pommettes tendant la peau livide : elle semblait une morte.

Christophe refit le lit bouleversé, ramassa le revolver, remit la serrure arrachée, rangea tout dans la chambre, et partit : car il était sept heures, et Bäbi allait venir.

Quand Braun revint, le matin, il trouva Anna dans le même état de prostration. Il vit bien qu'il s'était passé quelque chose d'extraordinaire ; mais il ne put rien savoir de Bäbi, ni de Christophe. De tout le jour, Anna ne bougea point ; elle n'ouvrit pas les yeux ; son pouls était si faible qu'on le sentait à peine ; par moments, il s'arrêtait, et Braun eut l'angoisse de croire, un instant, que le cœur avait cessé de battre. Son affection le faisait douter de sa science ; il courut chez un confrère, et il le ramena. Les deux hommes examinèrent Anna et ne purent décider s'il s'agissait d'une fièvre qui commençait, ou d'un cas de névrose hystérique : il fallait tenir la malade en observation. Braun ne quitta pas le chevet d'Anna. Il refusa de manger. Vers le soir, le pouls d'Anna n'indiquait pas de fièvre, mais une extrême faiblesse. Braun tâcha de lui introduire dans la bouche quelques cuillerées de lait ; elle les rendit aussitôt. Son corps s'abandonnait dans les bras de son mari, comme un mannequin brisé. Braun passa la nuit, assis auprès d'elle, se levant à tout instant pour l'écouter. Bäbi, que la maladie d'Anna ne troublait guère, mais qui était la femme du devoir, refusa de se coucher, et veilla avec Braun.

Le vendredi, Anna ouvrit les yeux. Braun lui parla ; elle ne prit pas garde à sa présence. Elle restait immobile, les yeux fixés sur un point de la muraille. Vers midi, Braun vit de grosses larmes qui coulaient le long de ses joues maigres ; il les essuya avec douceur ; une à une, les larmes continuaient de couler. De nouveau, Braun essaya de lui faire prendre quelque aliment. Elle se laissa faire, passivement. Dans la soirée, elle se mit à parler : c'étaient des mots sans suite. Il s'agissait du Rhin ; elle voulait se noyer, mais il n'y avait pas assez d'eau. Elle persistait en rêve dans ses tentatives de suicide, imaginant des formes de mort bizarres ; toujours la mort se dérobait. Parfois, elle discutait avec quelqu'un, et sa figure prenait alors une expression de colère et de peur ; elle s'adressait à Dieu, et s'entêtait à lui prouver que la faute était à lui. Ou la flamme d'un désir s'allumait dans ses yeux ; et elle disait des mots impudiques, qu'il ne semblait pas qu'elle pût connaître. Un moment, elle remarqua Bäbi, et lui donna avec précision des ordres pour la lessive du lendemain. Dans la nuit, elle s'assoupit. Tout à coup, elle se souleva ; Braun accourut. Elle le regarda, d'une façon étrange, balbutiant des mots impatients et informes. Il lui demanda :

— Ma chère Anna, que veux-tu ?

Elle dit, d'une voix âpre :

— Va le chercher.

— Qui ? demanda-t-il.

Elle le regarda encore, avec la même expression, brusquement éclata de rire ; puis, elle se passa les mains sur le front, et gémit :

— Ah ! mon Dieu ! oublier !…

Le sommeil la reprit. Elle fut calme jusqu'au jour. Vers l'aube, elle fit quelque mouvement ; Braun lui souleva la tête, pour lui donner à boire ; elle avala docilement quelques gorgées, et, se penchant vers les mains de Braun, elle les embrassa. Elle s'assoupit de nouveau.

Le samedi matin, elle s'éveilla vers neuf heures. Sans dire un mot, elle sortit les jambes du lit, et voulut descendre. Braun se précipita vers elle et essaya de la recoucher. Elle s'obstina. Il lui demanda ce qu'elle voulait faire. Elle répondit :

— Aller au culte.

Il essaya de la raisonner, de lui rappeler que ce n'était pas Dimanche, que le temple était fermé. Elle se taisait ; mais assise sur la chaise, près du lit, elle passait ses vêtements, de ses doigts qui grelottaient. Le docteur, ami de Braun, entra. Il joignit ses instances à celles de Braun ; puis, voyant qu'elle ne cédait pas, il l'examina, et finalement consentit. Il prit Braun à part, et lui dit que la maladie de sa femme semblait toute morale, qu'on devait pour l'instant éviter de la contrarier, et qu'il ne voyait pas de danger à ce qu'elle sortît, pourvu que Braun l'accompagnât. Braun dit donc à Anna qu'il irait avec elle. Elle refusa et voulut aller seule. Mais dès les premiers pas dans la chambre, elle trébucha. Alors, sans un mot, elle prit le bras de Braun, et ils sortirent. Elle était très faible et s'arrêtait en route. Plusieurs fois, il lui demanda si elle voulait rentrer. Elle se remit à marcher. Arrivés à l'église, comme il le lui avait dit, ils trouvèrent porte close. Anna s'assit sur un banc, près de l'entrée, et resta, frissonnante, jusqu'à ce que midi sonnât. Puis, elle reprit le bras de Braun, et ils revinrent en silence. Mais le soir, elle voulut retourner à l'église. Les supplications de Braun furent inutiles. Il fallut repartir.

Christophe avait passé ces deux jours, dans l'isolement. Braun était trop inquiet pour songer à lui. Une seule fois, le matin du samedi, cherchant à détourner Anna de son idée fixe de sortir, il lui avait demandé si elle voulait voir Christophe. Elle avait eu une expression d'épouvante et de répulsion si forte qu'il en avait été frappé ; et le nom de Christophe n'avait plus été prononcé.

Christophe s'était enfermé dans sa chambre. Inquiétude, amour, remords, tout un chaos de douleurs s'entrechoquaient en lui. Il s'accusait de tout. Il était écrasé par le dégoût de lui-même. Plusieurs fois, il s'était levé pour tout avouer à Braun, — aussitôt arrêté par l'idée, en s'accusant, de faire un malheureux de plus. En même temps, la passion ne lui faisait pas grâce. Il rôdait dans le couloir, devant la chambre d'Anna ; et dès qu'il entendait, à l'intérieur, des pas s'approcher de la porte, il s'enfuyait chez lui.

Quand Braun et Anna sortirent, dans l'après-midi, il les guetta, caché derrière le rideau de sa fenêtre. Il vit Anna. Elle, si droite et si fière, elle avait le dos voûté, la tête courbée, le teint jaune ; elle était vieillie, écrasée par le manteau et le châle dont son mari l'avait couverte ; elle était laide. Mais Christophe ne vit pas sa laideur, il ne vit que sa misère ; et son cœur déborda de pitié et d'amour. Il eût voulu courir à elle, se prosterner dans la boue, baiser ces pieds, ce corps ravagé par la passion, implorer son pardon. Et il pensait, la regardant :

— Mon ouvrage… Le voici !

Mais son regard, dans la glace, rencontra sa propre image ; il vit dans ses yeux, sur ses traits, la même dévastation ; il vit la mort imprimée en lui, comme en elle, et il pensa :

— Mon ouvrage ? Non pas. L'ouvrage du maître cruel, qui affole et qui tue.

La maison était vide. Bäbi était sortie, pour raconter aux voisins les événements de la journée. Le temps passait. Cinq heures sonnèrent. Une terreur prit Christophe, à l'idée d'Anna qui allait rentrer, et de la nuit qui venait. Il sentit qu'il n'aurait pas la force de rester, cette nuit, sous le même toit. Il sentit sa raison craquer sous le poids de la passion. Il ne savait ce qu'il ferait, il ne savait ce qu'il voulait, sinon qu'il voulait Anna, à quelque prix que ce fût. Il pensa à cette misérable figure qu'il avait vu passer tout à l'heure, sous sa fenêtre, et il se dit :

— La sauver de moi !...

Un coup de volonté souffla. Il ramassa, par poignées, les liasses de papiers qui traînaient sur sa table, les ficela, prit son chapeau, son manteau, et sortit. Dans le corridor, près de la porte d'Anna, il précipita le pas, pris de peur. En bas, il jeta un dernier coup d'œil sur le jardin désert. Il se sauva comme un voleur. Un brouillard glacé traversait la peau avec des aiguilles. Christophe rasait le mur des maisons, craignant de rencontrer une figure connue. Il alla à la gare. Il monta dans un train qui partait pour Lucerne. À la première station, il écrivit à Braun. Il disait qu'une affaire urgente l'appelait, pour quelques jours, hors de la ville, et qu'il se désolait de le laisser en un pareil moment ; il le priait de lui envoyer des nouvelles, à une adresse qu'il lui indiqua. À Lucerne, il prit le train du Gothard. Dans la nuit, il descendit à une petite station entre Altorf et Gœschenen.

Il n'en sut pas le nom, il ne le sut jamais. Il entra dans la première hôtellerie, près de la gare. Des mares d'eau coupaient le chemin. Il pleuvait à torrents ; il plut toute la nuit ; il plut tout le lendemain. Avec un bruit de cataracte, l'eau tombait d'une gouttière crevée. Le ciel et la terre étaient noyés, semblaient dissous, comme sa pensée. Il se coucha dans des draps humides, qui sentaient la fumée du chemin de fer. Il ne put rester couché. L'idée des dangers que courait Anna l'occupait trop pour qu'il eût le temps encore de sentir sa propre souffrance. Il fallait donner le change à la malignité publique, la lancer sur une autre piste. Dans la fièvre où il était, il eut une idée bizarre ; il inventa d'écrire à un des rares musiciens avec qui il se fût un peu lié dans la ville, à Krebs, l'organiste confiseur. Il lui laissa entendre qu'une affaire de cœur l'entraînait en Italie, qu'il subissait déjà cette passion quand il était venu s'installer chez Braun, qu'il avait essayé de s'y soustraire, mais qu'elle était la plus forte. Le tout, en des termes assez clairs pour que Krebs comprît, assez voilés pour qu'il pût y ajouter, de son propre fonds. Christophe priait Krebs de lui garder le secret. Il savait que le brave homme était d'un bavardage maladif, et il comptait — fort justement — qu'à peine la nouvelle reçue, Krebs courrait la colporter par toute la ville. Pour achever de détourner l'opinion, Christophe terminait sa lettre par quelques mots très froids, sur Braun et sur la maladie d'Anna.

Il passa le reste de la nuit et la journée suivante, incrusté dans son idée fixe… Anna… Anna… Il revivait avec elle les derniers mois, jour par jour ; il ne la voyait plus comme elle était, il l'enveloppait d'un mirage passionné. Toujours, il l'avait créée à l'image de son désir, lui prêtant une grandeur morale, une conscience tragique, dont il avait besoin pour l'aimer davantage. Ces mensonges de la passion redoublaient d'assurance, maintenant que la présence d'Anna ne les contrôlait plus. Il voyait une saine et libre nature, opprimée, qui se débattait contre ses chaînes, qui aspirait à une vie franche, large, au plein air de l'âme, et puis, qui en avait peur, qui combattait ses rêves, qui s'acharnait contre eux, parce qu'ils ne pouvaient s'accorder avec sa destinée et qu'ils la lui rendaient plus douloureuse encore. Elle lui criait : « À l'aide ! » Il revoyait son beau corps, il l'étreignait. Ses souvenirs le torturaient ; il trouvait un plaisir meurtrier à redoubler leurs blessures. À mesure que la journée avançait, le sentiment de tout ce qu'il avait perdu lui devint si atroce qu'il ne pouvait plus respirer.

Sans savoir ce qu'il faisait, il se leva, sortit, paya l'hôtel, et reprit le premier train qui revenait à la ville d'Anna. Il arriva, en pleine nuit ; il alla droit à la maison. Un mur séparait la ruelle du jardin contigu à celui de Braun. Christophe escalada le mur, sauta dans le jardin étranger, passa de là dans le jardin de Braun. Il se trouvait devant la maison. Tout était dans le noir, sauf une lueur de veilleuse qui teintait d'un reflet d'ocre une fenêtre, — la fenêtre d'Anna. Anna était là. Elle souffrait là. Il n'avait plus qu'un pas à faire pour entrer. Il avança la main vers la poignée de la porte. Puis, il regarda sa main, la porte, le jardin ; il prit soudain conscience de son acte ; et, s'éveillant de l'hallucination qui le possédait depuis sept à huit heures, il frémit, il s'arracha par un sursaut à la force d'inertie qui lui rivait les pieds au sol ; il courut au mur, le repassa, et s'enfuit.

Dans la même nuit, il quittait la ville, pour la seconde fois ; et le lendemain, il allait se terrer dans un village de montagne, sous des rafales de neige. — Ensevelir son cœur, endormir sa pensée, oublier, oublier !…

— « E però leva su, vinci l'ambascia
con l'animo che çince ogni battaglia,
se col suo grave corpo non s'accascia. »

Leva'mi allor, mostrandomi fornito
meglio di lena ch'io non mi sentia ;
e dissi : « Va, ch'io son forte ed ardito. »

INF. XXIV.

Mon Dieu, que t'ai-je fait ? Pourquoi m'accables-tu ? Dès l'enfance, tu m'as donné pour lot la misère, la lutte. J'ai lutté sans me plaindre. J'ai aimé ma misère. J'ai tâché de conserver pure cette âme que tu m'avais donnée, de sauver ce feu que tu avais mis en moi... Seigneur, c'est toi, c'est toi qui t'acharnes à détruire ce que tu avais créé, tu as éteint ce feu, tu as souillé cette âme, tu m'as dépouillé de tout ce qui me faisait vivre. J'avais deux seuls trésors au monde : mon ami et mon âme. Je n'ai plus rien, tu m'as tout pris. Un seul être était mien dans le désert du monde, tu me l'as enlevé. Nos cœurs n'en faisaient qu'un, tu les as déchirés, tu ne nous as fait connaître la douceur d'être ensemble que pour nous faire mieux connaître l'horreur de nous être perdus. Tu as creusé le vide autour de moi, tu l'as creusé en moi. J'étais brisé, malade, sans volonté, sans armes, pareil à un enfant qui pleure dans la nuit. Tu as choisi cette heure pour me frapper. Tu es venu à pas sourds, par derrière, comme un traître, et tu m'as poignardé ; tu as lâché sur moi ton chien féroce, la passion ; j'étais sans force, tu le savais, et je ne pouvais lutter ; elle m'a terrassé, elle a tout saccagé en moi, tout sali, tout détruit... J'ai le dégoût de moi-même. Si je pouvais au moins crier ma douleur et ma honte ! ou les oublier, dans le torrent de la force qui crée ! Mais ma force est brisée, ma création desséchée. Je suis un arbre mort... Si je pouvais être mort ! Ô Dieu, délivre-moi, romps ce corps et cette âme, arrache-moi à la terre, ne me laisse pas me débattre dans la fosse, ne me laisse pas agoniser sans fin ! Je crie grâce... Achève-moi !

Ainsi, la douleur de Christophe appelait un Dieu, à qui sa raison ne croyait pas.

Il s'était réfugié dans une ferme, isolée, du Jura suisse. La maison, adossée aux bois, se dissimulait dans le repli d'un haut plateau bossue. Des renflements de terrain la protégeaient des vents du Nord. Par devant, dévalaient des prairies, de longues pentes boisées ; la roche, brusquement, s'arrêtait, tombait à pic ; des sapins contorsionnés s'accrochaient au bord ; des hêtres aux larges bras se rejetaient en arrière. Ciel éteint. Vie disparue. Une étendue abstraite aux lignes effacées. Tout dormait sous la neige. Seuls, la nuit, dans la forêt, les renards glapissaient. C'était la fin de l'hiver. Hiver tardif. Interminable hiver. Lorsqu'il semblait fini, il recommençait toujours.

Cependant, depuis une semaine, la vieille terre engourdie sentait son cœur renaître. Un premier printemps trompeur s'insinuait dans l'air et sous l'écorce glacée. Des branches de hêtres étendues comme des ailes qui planent, la neige s'égouttait. Au travers du manteau blanc qui couvrait les prairies, déjà quelques fils d'herbe d'un vert tendre pointaient ; autour de leurs fines aiguilles, par les déchirures de la neige, comme par de petites bouches, le sol humide et noir respirait. Quelques heures par jour, la voix de l'eau engourdie dans sa robe de glace, de nouveau murmurait. Dans le squelette des bois, quelques oiseaux sifflaient de clairs chants aigrelets.

Christophe ne remarquait rien. Tout était le même pour lui. Il tournait indéfiniment dans sa chambre. Ou il marchait, dehors. Impossible de rester en repos. Son âme était écartelée par les démons intérieurs. Ils s'entre-déchiraient. La passion, refoulée, continuait de battre furieusement les parois de la maison. Le dégoût de la passion n'était pas moins enragé ; ils se mordaient à la gorge ; et dans leur lutte, ils lacéraient le cœur. Et c'étaient en même temps le souvenir d'Olivier, le désespoir de sa mort, la hantise de créer qui ne pouvait se satisfaire, l'orgueil qui se cabrait devant le trou du néant. Tous les diables en lui. Pas un instant de répit. Ou, s'il se produisait une trompeuse accalmie, si les flots soulevés retombaient un moment, il se retrouvait seul, et il ne retrouvait plus rien de lui : pensée, amour, volonté, tout avait été tué.

Créer ! c'était le seul recours. Abandonner aux flots l'épave de sa vie ! Se sauver à la nage dans le rêve de l'art !… Créer ! Il le voulait… Il ne le pouvait plus.

Christophe n'avait jamais eu de méthode de travail. Quand il était fort et sain, il était plutôt gêné de sa surabondance qu'inquiet de la voir s'appauvrir ; il suivait ses caprices ; il travaillait, à sa fantaisie, au hasard des circonstances, sans aucune règle fixe. En réalité, il travaillait en tout lieu, à tout moment ; son cerveau ne cessait d'être occupé. Bien des fois, Olivier, moins riche et plus réfléchi, l'avait averti :

— Prends garde. Tu te fies trop à ta force. Elle est un torrent des montagnes. Plein aujourd'hui, demain peut-être à sec. Un artiste doit capter son génie ; il ne lui permet pas de s'éparpiller, au hasard. Canalise ta force. Contrains-toi à des habitudes, à une hygiène de travail quotidien, à heures fixes. Elles sont aussi nécessaires à l'artiste que l'habitude des gestes et des pas militaires à l'homme qui doit se battre. Viennent les moments de crise — (et il en vient toujours) — cette armature de fer empêche l'âme de tomber. Je le sais bien, moi. Si je ne suis pas mort, c'est qu'elle m'a sauvé.

Mais Christophe riait, et disait :

— Bon pour toi, mon petit ! Pas de danger que je perde jamais le goût de vivre. J'ai trop bon appétit.

Olivier haussait les épaules :

— Le trop amène le trop peu. Il n'y a pas de pires malades que les gens trop bien portants.

La parole d'Olivier se vérifiait maintenant. Après la mort de l'ami, la source de vie intérieure ne s'était pas tout de suite tarie ; mais elle était devenue étrangement intermittente ; elle coulait par brusques gorgées, puis se taisait, se perdait sous terre. Christophe n'y prenait pas garde ; que lui importait ? Sa douleur et la passion naissante absorbaient sa pensée. — Mais après qu'eut passé l'ouragan, lorsqu'il chercha de nouveau la fontaine pour y boire, il ne trouva plus rien. Le désert. Pas un filet d'eau. L'âme était desséchée. En vain, il voulut creuser le sable, faire jaillir l'eau des nappes souterraines, créer à tout prix : la machine de l'esprit refusait d'obéir. Il ne pouvait pas évoquer l'aide de l'habitude, l'alliée fidèle, qui, lorsque toutes les raisons de vivre nous ont fuis, seule, tenace et constante, demeure à nos côtés, et ne dit pas un mot, et ne fait pas un geste, les yeux fixes, les lèvres muettes, mais de sa main très sûre qui ne frémit jamais, nous mène par la main au travers du défilé dangereux, jusqu'à ce que soient revenus la lumière du jour et le goût à la vie. Christophe était sans aide ; et sa main ne rencontrait aucune main, dans la nuit. Il ne pouvait plus revenir à la lumière du jour.

Ce fut l'épreuve suprême. Alors il se sentit aux limites de la folie. Tantôt une lutte absurde et démente contre son cerveau, des obsessions de maniaque, une hantise de nombres : il comptait les planches du parquet, les arbres dans la forêt ; des chiffres et des accords, dont le choix échappait à sa raison, se livraient dans sa tête des batailles rangées. Tantôt un état de prostration, comme un mort.

Personne ne s'occupait de lui. Il habitait une aile de la maison, à l'écart. Il faisait lui-même sa chambre, — il ne la faisait pas, tous les jours. On lui déposait sa nourriture, en bas ; il ne voyait pas un visage humain. Son hôte, un vieux paysan, taciturne et égoïste, ne s'intéressait pas à lui. Que Christophe mangeât ou ne mangeât point, c'était son affaire. À peine prenait-on garde si, le soir, Christophe était rentré. Une fois, il se trouva perdu dans la forêt, enfoncé dans la neige jusqu'aux cuisses ; il s'en fallut de peu qu'il ne pût revenir. Il cherchait à se tuer de fatigue, pour ne pas penser. Il n'y réussissait pas. Seulement, de loin en loin, quelques heures de sommeil harassé.

Un seul être vivant semblait se soucier de son existence : un vieux chien Saint-Bernard, qui venait poser sa grosse tête aux yeux sanglants sur les genoux de Christophe, lorsque Christophe était assis sur le banc devant la maison. Ils se regardaient longuement. Christophe ne le repoussait pas. Comme le maladif Gœthe, ces yeux ne l'inquiétaient point. Il n'avait pas envie de leur crier, comme lui :

— Va-t-en !... Tu auras beau faire, larve, tu ne me happeras point !

Il ne demandait qu'à se laisser happer par ces yeux suppliants et somnolents, à leur venir en aide ; il sentait là une âme emprisonnée, qui l'implorait.

Dans ce moment où il était détrempé par la souffrance, arraché tout vivant à la vie, châtré de l'égoïsme humain, il apercevait les victimes de l'homme, le champ de bataille où l'homme triomphe, sur le carnage des autres êtres ; et son cœur était plein de pitié et d'horreur. Même au temps où il était heureux, il avait toujours aimé les bêtes ; il ne pouvait supporter la cruauté à leur égard ; il avait pour la chasse une aversion, qu'il n'osait pas exprimer, par crainte du ridicule ; peut-être même n'osait-il pas en convenir avec lui-même ; mais cette répulsion était la cause secrète de l'éloignement, inexplicable en apparence, qu'il éprouvait pour certains hommes : jamais il n'aurait pu accepter pour ami un homme qui tuait un animal, par plaisir. Nulle sentimentalité : il savait mieux que personne que la vie repose sur une somme de souffrances et de cruauté infinie ; l'on ne peut vivre sans faire souffrir. Il ne s'agit pas de se fermer les yeux et de se payer de mots. Il ne s'agit pas non plus de conclure qu'il faut renoncer à la vie, et de pleurnicher comme un enfant. Non. Il faut tuer pour vivre, s'il n'est pas d'autre moyen de vivre, pour l'instant. Mais celui qui tue pour tuer est un misérable. Un misérable, inconscient, je le sais. Un misérable, tout de même. L'effort perpétuel de l'homme doit être de diminuer la somme de la souffrance et de la cruauté : c'est le premier devoir humain.

Ces pensées, dans la vie ordinaire, restaient ensevelies au fond du cœur de Christophe. Il ne voulait pas y songer. À quoi bon ? Qu'y pouvait-il ? Il lui fallait être Christophe, il lui fallait accomplir son œuvre, vivre à tout prix, vivre aux dépens des plus faibles… Ce n'était pas lui qui avait fait l'univers… N'y pensons pas, n'y pensons pas…

Mais après que le malheur l'eut précipité, lui aussi, dans les rangs des vaincus, il fallut bien qu'il y pensât. Naguère, il avait blâmé Olivier, qui s'enfonçait dans l'inutile remords et la compassion vaine pour tout le malheur que les hommes souffrent et font souffrir. Il allait plus loin que lui, à présent ; avec l'emportement de sa puissante nature, il pénétrait jusqu'au fond de la tragédie de l'univers ; il souffrait de toutes les souffrances du monde, il était comme un écorché. Il ne pouvait plus songer aux animaux sans un frémissement d'angoisse. Il lisait dans les regards de bêtes, il lisait une âme comme la sienne, une âme qui ne pouvait pas parler ; mais les yeux criaient pour elle :

— Que vous ai-je fait ? Pourquoi me faites-vous mal ?

Le spectacle le plus banal, qu'il avait vu cent fois, — un petit veau qui se lamentait, enfermé dans une caisse à claires-voies ; ses gros yeux noirs saillants, dont le blanc est bleuâtre, ses paupières roses, ses cils blancs, ses touffes blanches frisées sur le front, son museau violet, ses genoux cagneux ; — un agneau qu'un paysan emportait par les quatre pattes liées ensemble, la tête pendante, tâchant de se relever, gémissant comme un enfant, et bêlant et tendant sa langue grise ; — des poules empilées dans un panier ; — au loin, les hurlements d'un cochon qu'on saignait ; — sur la table de la cuisine, un poisson que l'on vide... Il ne pouvait plus le supporter. Les tortures sans nom que l'homme inflige à ces innocents lui étreignaient le cœur. Prêtez à l'animal une lueur de raison, imaginez le rêve affreux qu'est le monde pour lui : ces hommes indifférents, aveugles et sourds, qui l'égorgent, l'éventrent, l'étripent, le tronçonnent, le font cuire vivant, parfois s'amusent de ses contorsions de douleur. Y a-t-il rien de plus atroce parmi les cannibales d'Afrique ? La souffrance des animaux a quelque chose de plus intolérable encore pour une conscience libre que la souffrance des hommes. Car, celle-ci du moins, il est admis qu'elle est un mal et ce qui la cause est criminel. Mais des milliers de bêtes sont massacrées inutilement, chaque jour, sans l'ombre d'un remords. Qui y ferait allusion se rendrait ridicule. — Et cela, c'est le crime irrémissible. À lui seul, il justifie tout ce que l'homme pourra souffrir. Il crie vengeance contre le genre humain. Si Dieu existe et le tolère, il crie vengeance contre Dieu. S'il existe un Dieu bon, la plus humble des âmes vivantes doit être sauvée. Si Dieu n'est bon que pour les plus forts, s'il n'y a pas de justice pour les misérables, pour les êtres inférieurs offerts en sacrifice à l'humanité, il n'y a pas de bonté, il n'y a pas de justice…

Hélas ! Les carnages accomplis par l'homme sont si peu de chose, eux-mêmes, dans la tuerie de l'univers ! Les animaux s'entre-dévorent. Les plantes paisibles, les arbres muets sont entre eux des bêtes féroces. Sérénité des forêts, lieu commun de rhétorique facile pour les littérateurs qui ne connaissent la nature qu'au travers de leurs livres !… Dans la forêt toute proche, à quelques pas de la maison, se livraient des luttes effrayantes. Les hêtres assassins se jetaient sur les sapins au beau corps rosé, enlaçaient leur taille svelte de colonnes antiques, les étouffaient. Ils se ruaient sur les chênes, ils les brisaient, ils s'en forgeaient des béquilles. Les hêtres Briarées aux cent bras, dix arbres dans un arbre ! Ils faisaient la mort autour d'eux. Et quand, faute d'ennemis, ils se rencontraient ensemble, ils se mêlaient avec rage, se perçant, se soudant, se tordant, comme des monstres antédiluviens. Plus bas, dans la forêt, les acacias, partis de la lisière, étaient entrés dans la place, attaquaient la sapinière, étreignaient et griffaient les racines de l'ennemi, les empoisonnaient de leurs sécrétions. Lutte à mort, où le vainqueur s'emparait à la fois de la place et des dépouilles du vaincu. Alors, les petits monstres achevaient l'œuvre des grands. Les champignons, venus entre les racines, suçaient l'arbre malade, qui se vidait peu à peu. Les fourmis noires broyaient le bois qui pourrissait. Des millions d'insectes invisibles rongeaient, perforaient, réduisaient en poussière ce qui avait été la vie... Et le silence de ces combats !... Ô paix de la nature, masque tragique qui recouvre le visage douloureux et cruel de la Vie !

Christophe coulait à pic. Mais il n'était pas homme à se laisser noyer sans lutte, les bras collés au corps. Il avait beau vouloir mourir, il faisait tout ce qu'il pouvait pour vivre. Il était de ceux, comme disait Mozart, « *qui veulent agir, jusqu'à ce qu'enfin il n'y ait plus moyen de rien faire* ». Il se sentait disparaître, et il cherchait dans sa chute, battant des bras, à droite, à gauche, un appui où s'accrocher. Il crut l'avoir trouvé. Il venait de se rappeler le petit enfant d'Olivier. Sur-le-champ, il reporta sur lui toute sa volonté de vivre ; il s'y agrippa. Oui, il devait le rechercher, le réclamer, l'élever, l'aimer, prendre la place du père, faire revivre Olivier dans son fils. Dans son égoïste douleur, comment n'y avait-il pas songé ? Il écrivit à Cécile, qui avait la garde de l'enfant. Il attendit fiévreusement la réponse. Tout son être se tendait vers cette unique pensée. Il se forçait au calme ; une raison d'espérer lui restait. Il avait confiance, il connaissait la bonté de Cécile.

La réponse vint. Cécile disait que, trois mois après la mort d'Olivier, une dame en deuil s'était présentée chez elle, et lui avait dit :

— Rendez-moi mon enfant !

C'était celle qui avait abandonné naguère son enfant et Olivier, — Jacqueline, mais si changée qu'on avait peine à la reconnaître. Sa folie d'amour n'avait pas duré. Elle s'était lassée plus vite encore de l'amant que l'amant ne s'était lassé d'elle. Elle était revenue brisée, dégoûtée, vieillie. Le scandale trop bruyant de son aventure lui avait fermé beaucoup de portes. Les moins scrupuleux n'étaient pas les moins sévères. Sa mère elle-même lui avait témoigné un dédain si offensant que Jacqueline n'avait pu rester chez elle. Elle avait vu à fond l'hypocrisie du monde. La mort d'Olivier avait achevé de l'accabler. Elle semblait si douloureuse que Cécile ne s'était pas cru le droit de lui refuser ce qu'elle réclamait. C'était bien dur de rendre un petit être qu'on s'était habitué à regarder comme le sien. Mais comment être plus dur encore pour quelqu'un qui a plus de droits que vous et qui est plus malheureux ? Elle eût voulu écrire à Christophe, lui demander conseil. Mais Christophe n'avait jamais répondu aux lettres qu'elle lui avait écrites, elle ne savait pas son adresse, elle ne savait même pas s'il était vivant ou mort… La joie vient, elle s'en va. Que faire ? Se résigner. L'essentiel était que l'enfant fût heureux et aimé…

La lettre arriva, le soir. Un retour d'hiver tardif avait ramené la neige. Toute la nuit, elle tomba. Dans la forêt, où déjà les feuilles nouvelles étaient apparues, les arbres sous le poids craquaient et se rompaient. C'était comme une bataille d'artillerie. Christophe, seul dans sa chambre, sans lumière, au milieu des ténèbres phosphorescentes, écoutant la forêt tragique, sursautait à chaque coup ; et il était pareil à un de ces arbres qui plie sous le faix et qui craque. Il se disait :

— Maintenant, tout est fini.

La nuit passa, le jour revint ; l'arbre ne s'était pas rompu. Toute la journée nouvelle, et la nuit qui suivit, et les jours et les nuits d'après, l'arbre continua de plier et de craquer ; mais il ne se rompit point. Christophe n'avait plus aucune raison de vivre ; et il vivait. Il n'avait plus aucun motif de lutter ; et il luttait, pied à pied, corps à corps, avec l'ennemi invisible qui lui broyait l'échine. Tel Jacob avec l'ange. Il n'attendait plus rien de la lutte, il n'attendait plus rien que la fin, le repos ; et il luttait toujours. Et il criait :

— Mais terrasse-moi donc ! Pourquoi ne me terrasses-tu pas ?

Les jours passèrent. Christophe sortit de là, vidé de sa vie. Il persistait pourtant à se tenir debout, il sortait, il marchait. Heureux, ceux qu'une race forte soutient, dans les éclipses de leur vie ! Les jambes du père et du grand-père portaient le corps du fils tout prêt à s'écrouler ; la poussée des robustes ancêtres soulevait l'âme brisée, comme le cavalier mort que son cheval emporte.

Il allait, par un chemin de crête, entre deux ravins ; il descendait l'étroit sentier aux pierres aiguës, entre lesquelles serpentaient les racines noueuses de petits chênes rabougris ; sans savoir où il allait, et plus sûr de ses pas que si une volonté lucide l'eût mené. Il n'avait pas dormi ; à peine avait-il mangé depuis plusieurs jours. Il avait un brouillard devant les yeux. Il descendait vers la vallée. — C'était la semaine de Pâques. Jour voilé. Le dernier assaut de l'hiver était vaincu. Le chaud printemps couvait. Des villages d'en bas, les cloches montèrent. De l'un d'abord, blotti, ainsi qu'un nid, dans un creux, au pied de la montagne, avec ses toits de chaumes bariolés, noirs et blonds, revêtus de mousse épaisse, comme du velours. Puis, d'un autre, invisible, sur l'autre versant du mont. Puis, d'autres dans la plaine, au delà d'une rivière. Et le bourdon, très loin, d'une ville qui se perdait dans la brume. Christophe s'arrêta. Son cœur était près de défaillir. Ces voix semblaient lui dire :

— Viens avec nous. Ici est la paix. Ici, la douleur est morte. Morte, avec la pensée. Nous berçons l'âme si bien qu'elle s'endort dans nos bras. Viens, et repose-toi, tu ne t'éveilleras plus.

Comme il se sentait las ! Qu'il eût voulu dormir ! Mais il secoua la tête, et dit :

— Ce n'est pas la paix que je cherche, c'est la vie.

Il se remit en marche. Il parcourait des lieues, sans s'en apercevoir. Dans son état de faiblesse hallucinée, les sensations les plus simples lui arrivaient avec des résonnances inattendues. Sa pensée projetait tout autour, sur la terre et dans l'air, des lueurs fantastiques. Une ombre qui courait devant lui, sans qu'il en vît la cause, sur la route blanche et déserte au soleil, le fit tressaillir.

Au débouché d'un bois, il se trouva près d'un village. Il rebroussa chemin : la vue des hommes lui faisait mal. Il ne put éviter pourtant de passer près d'une maison isolée, au-dessus du hameau ; elle était adossée au flanc de la montagne ; elle ressemblait à un sanatorium ; un grand jardin, exposé au soleil, l'entourait ; quelques êtres erraient à pas incertains par les allées sablées. Christophe n'y prit pas garde ; mais à un détour du sentier, il se trouva face à face avec un homme aux yeux pâles, figure grasse et jaune, qui regardait devant lui, affaissé sur un banc, au pied de deux peupliers. Un autre homme était assis, auprès ; ils se taisaient tous deux. Christophe les dépassa. Mais après quatre pas, il s'arrêta : ces yeux lui étaient connus. Il se retourna. L'homme n'avait pas bougé, il continuait de fixer, immobile, un objet devant lui. Mais son compagnon regardait Christophe, qui lui fit signe. Il vint.

— Qui est-ce ? demanda Christophe.

— C'est un pensionnaire de la maison de santé, dit l'homme, montrant l'habitation.

— Je crois le connaître, dit Christophe.

— C'est possible, fit l'autre. Il était un écrivain très connu en Allemagne.

Christophe dit un nom. — Oui, c'était bien ce nom-là. — Il l'avait vu jadis, au temps où il écrivait dans la revue de Mannheim. Alors, ils étaient ennemis ; Christophe ne faisait que débuter, et l'autre était déjà célèbre. C'était l'homme le plus fort, le plus sûr de lui, le plus méprisant de tout ce qui n'était pas lui, un romancier dont l'art réaliste et sensuel dominait la médiocrité des productions courantes. Christophe, qui le détestait, ne pouvait s'empêcher d'admirer la perfection de cet art matériel, sincère et borné.

— Ça l'a pris, il y a un an, dit le gardien. On l'a soigné, on l'a cru guéri, il est reparti chez lui. Et puis, ça l'a repris. Un soir, il s'est jeté de sa fenêtre. Dans les premiers temps qu'il était ici, il s'agitait et il criait. Maintenant, il est bien tranquille. Il passe ses journées, comme vous le voyez, assis.

— Que regarde-t-il ? dit Christophe.

Il s'approcha du banc. Il contempla avec pitié la blême figure du vaincu, les grosses paupières qui retombaient sur les yeux ; l'un d'eux était presque fermé. Le fou ne semblait pas savoir que Christophe était là. Christophe l'appela par son nom, lui prit la main, — la main molle et humide, qui s'abandonnait comme une chose morte ; il n'eut pas le courage de la garder dans ses mains : l'homme leva, un instant vers Christophe ses yeux chavirés, puis se remit à regarder devant lui, avec son sourire hébété. Christophe demanda :

— Qu'est-ce que vous regardez ?

L'homme, immobile, dit, à mi-voix :

— J'attends.

— Quoi ?

— La Résurrection.

Christophe tressauta. Il partit précipitamment. La parole l'avait pénétré d'un trait de feu.

Il s'enfonça dans la forêt, il remonta les pentes, dans la direction de sa maison. Dans son trouble, il perdit le chemin ; il se trouva au milieu des grands bois de sapins. Ombre et silence. Quelques taches de soleil d'un blond roux, venues on ne savait d'où, tombaient dans les épaisseurs de l'ombre. Christophe était hypnotisé par ces plaques de lumière. Tout semblait nuit, autour. Il allait, sur le tapis d'aiguilles, buttant contre les racines qui saillaient comme des veines gonflées. Au pied des arbres, pas une plante, pas une mousse. Dans les branches, pas un chant d'oiseau. Les rameaux du bas étaient morts. Toute la vie s'était réfugiée en haut, où était le soleil. Bientôt, cette vie même s'éteignit. Christophe entra dans une partie du bois que rongeait un mal mystérieux. Des sortes de lichens longs et fins, comme des toiles d'araignées, enveloppaient de leurs résilles les branches de sapins rouges, les ligotaient des pieds à la tête, passaient d'un arbre à l'autre, étouffaient la forêt. On eût dit des algues sous-marines aux tentacules sournoises. Et c'était le silence des profondeurs océaniques. En haut, le soleil pâlissait. Des brouillards, qui s'étaient insidieusement glissés au travers de la forêt morte, cernèrent Christophe. Tout disparut ; il n'y eut plus rien. Pendant une demi-heure, Christophe erra au hasard, dans le réseau de brume blanche, qui peu à peu se resserrait, noircissait, lui entrait dans la gorge ; il croyait marcher droit, et il tournait en cercle sous les gigantesques toiles d'araignées qui pendaient des sapins étouffés ; le brouillard, en les traversant, y laissait attachées des gouttes grelottantes. Enfin, les mailles se détendirent, une trouée se fit, et Christophe réussit à sortir de la forêt sous-marine. Il retrouva les bois vivants et la lutte silencieuse des sapins et des hêtres. Mais c'était toujours même immobilité. Ce silence qui couvait depuis des heures angoissait. Christophe s'arrêta pour l'entendre…

Soudain, ce fut au loin une houle qui venait. Un coup de vent précurseur se levait du fond de la forêt. Comme un cheval au galop, il arriva sur les cimes des arbres qui ondulaient. Tel le Dieu de Michel-Ange, qui passe dans une trombe. Il passa au-dessus de la tête de Christophe. La forêt et le cœur de Christophe frémirent. C'était l'annonciateur…

Le silence retomba. Christophe, en proie à une terreur sacrée, hâtivement rentra, les jambes flageolantes. Sur le seuil de la maison, comme un homme poursuivi, il jeta un coup d'œil inquiet derrière lui. La nature semblait morte. Les forêts qui couvraient les pentes de la montagne dormaient, appesanties sous une lourde tristesse. L'air immobile avait une transparence magique. Nul bruit. Seule, la musique funèbre d'un torrent — l'eau qui ronge le roc — sonnait le glas de la terre. Christophe se coucha, avec la fièvre. Dans l'étable voisine, les bêtes, inquiètes comme lui, s'agitaient…

La nuit. Il s'était assoupi. Dans le silence, la houle lointaine de nouveau se leva. Le vent revenait, en ouragan cette fois, — le *fœhn* du printemps, qui réchauffe de sa brûlante haleine la terre frileuse qui dort encore, le *fœhn* qui fond les glaces et amasse les pluies fécondes. Il grondait, comme le tonnerre, dans les forêts de l'autre côté du ravin. Il se rapprocha, s'enfla, monta les pentes au pas de charge ; la montagne tout entière mugit. Dans l'étable, un cheval hennit et les vaches meuglèrent. Christophe, dressé sur son lit, les cheveux hérissés, écoutait. La rafale arriva, hulula, fit battre les volets, fit grincer les girouettes, fit voler des tuiles du toit, fit trembler la maison. Un pot de fleurs tomba et se brisa. La fenêtre de Christophe, mal fermée, s'ouvrit avec fracas. Et le vent chaud entra. Christophe le reçut en pleine face et sur sa poitrine nue. Il sauta du lit, la bouche ouverte, suffoqué. C'était comme si dans son âme vide se ruait le Dieu vivant. La Résurrection !... L'air entrait dans sa gorge, le flot de vie nouvelle le pénétrait jusqu'au fond des entrailles. Il se sentait éclater, il voulait crier, crier de douleur et de joie ; et il ne sortait de sa bouche que des sons inarticulés. Il trébuchait, il frappait les murs de ses bras, au milieu des papiers que l'ouragan faisait voler. Il s'abattit, au milieu de la chambre, en criant :

— Ô toi, toi ! Tu es enfin revenu !

— Tu es revenu, tu es revenu ! Ô toi, que j'avais perdu !... Pourquoi m'as-tu abandonné ?

— Pour accomplir ma tâche, que tu as abandonnée.

— Quelle tâche ?

— Combattre.

— Qu'as-tu besoin de combattre ? N'es-tu pas le maître de tout ?

— Je ne suis pas le maître.

— N'es-tu pas Tout ce qui Est ?

— Je ne suis pas tout ce qui est. Je suis la Vie qui combat le Néant. Je ne suis pas le Néant. Je suis le Feu qui brûle dans la Nuit. Je ne suis pas la Nuit. Je suis le Combat éternel ; et nul destin éternel ne plane sur le combat. Je suis la Volonté libre, qui lutte éternellement. Lutte et brûle avec moi.

— Je suis vaincu. Je ne suis plus bon à rien.

— Tu es vaincu ? Tout te semble perdu ? D'autres seront vainqueurs. Ne pense pas à toi, pense à ton armée.

— Je suis seul, je n'ai que moi, et je n'ai pas d'armée.

— Tu n'es pas seul, et tu n'es pas à toi. Tu es une de mes voix, tu es un de mes bras. Parle et frappe pour moi. Mais si le bras est rompu, si la voix est brisée, moi, je reste debout ; je combats par d'autres voix, d'autres bras que les tiens. Vaincu, tu fais partie de l'armée qui n'est jamais vaincue. Souviens-toi, et tu vaincras jusque dans ta mort.

— Seigneur, je souffre tant !

— Crois-tu que je ne souffre pas aussi ? Depuis les siècles, la mort me traque et le néant me guette. Ce n'est qu'à coups de victoires que je me fraie le chemin. Le fleuve de la vie est rouge de mon sang.

— Combattre, toujours combattre ?

— Il faut toujours combattre. Dieu combat, lui aussi. Dieu est un conquérant. Il est un lion qui dévore. Le néant l'enserre, et Dieu le terrasse. Et le rythme du combat fait l'harmonie suprême. Cette harmonie n'est pas pour tes oreilles mortelles. Il suffit que tu saches qu'elle existe. Fais ton devoir en paix, et laisse faire aux Dieux.

— Je n'ai plus de forces.

— Chante pour ceux qui sont forts.

— Ma voix est brisée.

— Prie.

— Mon cœur est souillé.

— Arrache-le. Prends le mien.

— Seigneur, ce n'est rien de s'oublier soi-même, de rejeter son âme morte. Mais puis-je rejeter mes morts, puis-je oublier mes aimés ?

— Abandonne-les, morts, avec ton âme morte. Tu les retrouveras, vivants, avec mon âme vivante.

— Ô toi qui m'as laissé, me laisseras-tu encore ?

— Je te laisserai encore. N'en doute point. C'est à toi de ne me plus laisser.

— Mais si ma vie s'éteint ?

— Allumes-en d'autres.

— Si la mort est en moi ?

— La vie est ailleurs. Va, ouvre-lui tes portes. Insensé, qui t'enfermes dans ta maison en ruines ! Sors de toi. Il est d'autres demeures.

— Ô vie, ô vie ! Je vois… Je te cherchais en moi, dans mon âme vide et close. Mon âme se brise ; par les fenêtres de mes blessures, l'air afflue ; je respire, je te retrouve, ô vie !…

— Je te retrouve… Tais-toi, et écoute.

Et Christophe entendit, comme un murmure de source, le chant de la vie qui revenait en lui. Penché sur le bord de sa fenêtre, il vit la forêt, morte hier, qui dans le soleil et le vent bouillonnait, soulevée comme l'Océan. Sur l'échine des arbres, tels des frissons de joie, des vagues de vent passaient ; et les branches ployées tendaient leurs bras d'extase vers le ciel éclatant. Et le torrent sonnait comme une cloche rieuse. Le même paysage, hier dans le tombeau, était ressuscité ; la vie venait d'y rentrer, en même temps que l'amour dans le cœur de Christophe. Miracle de l'âme que la grâce a touchée, qui se réveille à la vie ! Tout revit autour d'elle. Le cœur se remet à battre. L'œil de l'esprit s'est rouvert. Les fontaines taries recommencent à couler.

Et Christophe rentra dans la bataille divine… Comme ses propres combats, comme les combats humains se perdaient au milieu de cette mêlée gigantesque, où pleuvent les soleils comme des flocons de neige que balaye l'ouragan !... Il avait dépouillé son âme. Ainsi que dans ces rêves où l'on est suspendu dans l'espace, il se sentait planer au-dessus de lui-même, il se voyait d'en haut, dans l'ensemble des choses ; et le sens de ses efforts, le prix de ses souffrances, d'un regard, lui apparurent. Ses luttes faisaient partie du grand combat des mondes. Sa déroute était l'épisode d'un instant, aussitôt réparé. Comme il luttait pour tous, tous luttaient pour lui. Ils avaient part à ses épreuves, il avait part à leur gloire.

— « Compagnons, ennemis, marchez sur moi, écrasez-moi, que je sente sur mon corps passer les roues des canons qui vaincront ! Je ne pense pas au fer qui me laboure la chair, je ne pense pas au pied qui me foule la tête, je pense à mon Vengeur, au Maître, au Chef de l'innombrable armée. Mon sang sera le ciment de sa victoire future... »

Dieu n'était pas pour lui le Créateur impassible, le Néron qui contemple, du haut de sa tour d'airain, l'incendie de la Ville que lui-même alluma. Dieu luttait. Dieu souffrait. Avec tous ceux qui luttent et pour tous ceux qui souffrent. Car il était la Vie, la goutte de lumière tombée dans les ténèbres, qui s'élargit, s'étend, par qui la nuit est bue. Mais la nuit est sans bornes, et le combat divin ne s'arrête jamais ; et nul ne peut savoir quelle en sera l'issue. Symphonie héroïque, où les dissonances même qui se heurtent et se mêlent forment un concert serein ! Comme la forêt de hêtres qui livre dans le silence des combats furieux, ainsi guerroie la Vie dans l'éternelle paix.

Ces combats, cette paix, résonnaient dans Christophe. Il était comme un coquillage où l'océan bruit. Des cris épiques passaient, des appels de trompettes, des rafales de sons, que menaient des rythmes souverains. Car tout se muait en sons dans cette âme sonore. Elle chantait la lumière. Elle chantait la nuit. Et la vie. Et la mort. Elle chantait pour ceux qui étaient vainqueurs dans la bataille. Elle chantait pour lui-même, vaincu et terrassé. Elle chantait. Tout était chant. Elle n'était plus que chant.

Son ivresse était telle qu'elle ne s'entendait pas chanter. Comme les pluies de printemps, les torrents de musique s'engouffraient dans ce sol crevassé par l'hiver. Hontes, chagrins, amertumes, révélaient à présent leur mystérieuse mission : elles avaient décomposé la terre, et elles l'avaient fertilisée ; le soc de la douleur, en déchirant le cœur, avait ouvert de nouvelles sources de vie. La lande refleurissait. Mais ce n'étaient plus les fleurs de l'autre printemps. Une autre âme était née.

Elle naissait, à chaque instant. Car elle n'était pas encore ossifiée et formée, comme sont les âmes parvenues au terme de leur croissance, les âmes qui vont mourir. Elle n'était pas la statue. Elle était le métal en fusion. Chaque seconde faisait d'elle un nouvel univers. Christophe ne songeait pas à fixer ses limites. Il s'abandonnait à cette joie de l'homme qui, rejetant derrière lui le poids de son passé, part pour un long voyage, le sang jeune, le cœur libre, et respire l'air marin, et pense que le voyage n'aura jamais de fin. À présent qu'il était repris par la force créatrice qui coule dans le monde, la richesse du monde le prenait à la gorge, comme une extase. Il aimait, il *était* son prochain comme lui-même. Et tout lui était « prochain », de l'herbe qu'il foulait à la main qu'il serrait. Un bel arbre, l'ombre d'un nuage sur la montagne, l'haleine des prairies apportée par le vent, la nuit la ruche du ciel bourdonnante des essaims de soleils... c'était un tourbillon de sang... il n'avait pas envie de parler, ni de penser, il n'avait plus envie que de rire et de pleurer, et de se fondre dans cette merveille vivante. Écrire, pourquoi écrire ? Est-ce qu'on peut écrire l'indicible ?... Mais que cela fût possible ou non, il fallait qu'il écrivît. C'était sa loi. Les idées le frappaient, par éclairs, en quelque lieu qu'il fût, le plus souvent en promenades. Impossible d'attendre. Alors, il écrivait, avec n'importe quoi, sur n'importe quoi ; et il eût été incapable souvent de dire ce que signifiaient ces phrases qui jaillissaient de lui, dans un élan irrésistible ; et voici que pendant qu'il écrivait, d'autres idées lui venaient, et d'autres ; et il écrivait, il écrivait, sur ses manches de chemise, sur la coiffe de son chapeau ; si vite qu'il écrivît, sa pensée allait plus vite, il devait user d'une sorte de sténographie.

Ce n'étaient là que des notes informes. La difficulté commençait lorsqu'il voulait couler ces idées dans les formes musicales ordinaires ; il faisait la découverte qu'aucun des moules anciens ne pouvait leur convenir ; s'il voulait fixer ses visions avec fidélité, il devait commencer par oublier toute musique entendue, tout ce qu'il avait écrit, faire table rase de tout formalisme appris, de la technique traditionnelle, rejeter ces béquilles de l'esprit impotent, ce lit tout fait pour la paresse de ceux qui, fuyant la fatigue de penser par eux-mêmes, se couchent dans la pensée des autres. Naguère, lorsqu'il se croyait arrivé à la maturité de sa vie et de son art, — (en fait, il n'était qu'au bout d'une de ses vies et d'une de ses incarnations en art), — il s'exprimait dans une langue préexistante à sa pensée ; son sentiment se soumettait sans révolte à une logique de développement préétablie, qui d'avance lui dictait une partie de ses phrases et le menait docilement, par les chemins frayés, au terme convenu où le public l'attendait. À présent, plus de route, c'était au sentiment de la frayer lui-même ; l'esprit n'avait qu'à suivre. Son rôle n'était même plus de décrire la passion, ou de l'analyser ; il devait faire corps avec elle, il tâchait d'en épouser la loi intérieure.

Du même coup, tombaient les contradictions où Christophe se débattait depuis longtemps, sans vouloir en convenir. Car, bien qu'il fût un pur artiste, il avait mêlé souvent à son art des préoccupations étrangères à l'art ; il lui attribuait une mission sociale. Et il ne s'apercevait pas qu'il y avait deux hommes en lui : l'artiste qui créait, sans se soucier d'aucune fin morale, et l'homme d'action, raisonneur, qui voulait que son art fût moral et social. Ils se mettaient parfois l'un l'autre dans un étrange embarras. À présent que toute idée créatrice s'imposait à lui, avec sa loi organique, comme une réalité supérieure à toute réalité, il était arraché à la servitude de la raison pratique. Certes, il n'abdiquait rien de son mépris pour l'immoralisme veule et dépravé du temps ; certes, il pensait toujours que l'art impur et malsain est le dernier degré de l'art, parce qu'il en est une maladie, un champignon qui pousse sur un tronc pourri ; mais si l'art pour le plaisir est la prostitution de l'art, Christophe ne lui opposait pas l'utilitarisme à courte vue de l'art pour la morale, ce Pégase sans ailes qui traîne la charrue. L'art le plus haut, le seul digne de ce nom, est au-dessus des lois d'un jour : il est une comète lancée à travers l'infini. Il se peut que cette force soit utile, il se peut qu'elle semble inutile ou dangereuse, dans l'ordre des choses pratiques ; mais elle est la force, elle est le mouvement et le feu ; elle est l'éclair jailli du ciel ; et par là, elle est sacrée, par là elle est bienfaisante. Ses bienfaits peuvent être même de l'ordre pratique ; mais ses vrais, ses divins bienfaits sont, comme la foi, de l'ordre surnaturel. Elle est pareille au soleil, dont elle est issue. Le soleil n'est ni moral, ni immoral. Il est Celui qui Est. Il éclaire la nuit des espaces. Ainsi, l'art.

Alors Christophe, qui lui était livré, eut la stupeur de voir surgir de lui des puissances inconnues, qu'il n'eût pas soupçonnées : tout autre chose que ses passions, ses tristesses, son âme consciente, mais une âme étrangère, indifférente à ce qu'il avait aimé et souffert, à sa vie tout entière, une âme joyeuse, fantasque, sauvage, incompréhensible. Elle le chevauchait, elle lui labourait les flancs à coups d'éperons. Et, dans les rares moments où il pouvait reprendre haleine, il se demandait, relisant ce qu'il venait d'écrire :

— Comment cela, cela a-t-il pu sortir de mon corps ?

Il était en proie à ce délire de l'esprit, que connaît tout génie, à cette volonté indépendante de la volonté, « *cette énigme indicible du monde et de la vie* », que Goethe appelait « *le démoniaque* », et contre laquelle il restait armé, mais qui le soumettait.

Et Christophe écrivait, écrivait. Pendant des jours, des semaines. Il y a des périodes où l'esprit, fécondé, peut se nourrir uniquement de soi, et continue de produire, d'une façon presque indéfinie. Il suffit du plus délicat effleurement des choses, d'un pollen apporté par le vent, pour que les germes intérieurs, les myriades de germes lèvent et fleurissent. Christophe n'avait pas le temps de penser, il n'avait pas le temps de vivre. Sur les ruines de la vie, l'âme créatrice régnait.

Et puis, cela s'arrêta. Christophe sortit de là, brisé, brûlé, vieilli de dix ans, — mais sauvé. Il avait laissé Christophe, il avait émigré en Dieu.

Des touffes de cheveux blancs étaient brusquement apparues dans la chevelure noire, comme ces fleurs d'automne qui surgissent des prairies en une nuit de septembre. Des rides nouvelles sabraient les joues. Mais les yeux avaient reconquis leur calme, et la bouche s'était résignée. Il était apaisé. Il comprenait, maintenant. Il comprenait la vanité de son orgueil, la vanité de l'orgueil humain, sous le poing redoutable de la Force qui meut les mondes. Nul n'est maître de soi, avec certitude. Il faut veiller. Car si l'on s'endort, la Force se rue en nous et nous emporte... dans quels abîmes ? Ou le torrent qui nous charrie se retire et nous laisse dans son lit à sec. Il ne suffit même pas de vouloir, pour lutter. Il faut s'humilier devant le Dieu inconnu, qui *flat ubi vult*, qui souffle quand il veut, où il veut, l'amour, la mort, ou la vie. La volonté humaine ne peut rien sans la sienne. Une seconde lui suffit pour anéantir des années de labeur et d'efforts. Et, s'il lui plaît, il peut faire surgir l'éternel de la poussière et de la boue. Nul, plus que l'artiste qui crée, ne se sent à sa merci : car, s'il est vraiment grand, il ne dit que ce que l'Esprit lui dicte.

Et Christophe comprit la sagesse du vieux Haydn, se mettant à genoux, chaque matin, avant de prendre la plume... *Vigila et Ora*, Veillez et priez. Priez le Dieu, afin qu'il soit avec vous. Restez en communion amoureuse et pieuse avec l'Esprit de vie.

Vers la fin de l'été, un ami parisien qui passait en Suisse découvrit la retraite de Christophe. Il vint le voir. C'était un critique musical, qui s'était toujours montré le meilleur juge de ses compositions. Il était accompagné d'un peintre connu, qui se disait mélomane et admirateur, lui aussi, de Christophe. Ils lui apprirent le succès considérable de ses œuvres : on les jouait partout, en Europe. Christophe témoigna peu d'intérêt à cette nouvelle : le passé était mort pour lui, ces œuvres ne comptaient plus. Sur la demande de son visiteur, il lui montra ce qu'il avait écrit récemment. L'autre n'y comprit rien. Il pensa que Christophe était devenu fou.

— Pas de mélodie, pas de mesure, pas de travail thématique ; une sorte de noyau liquide, de matière en fusion qui n'est pas refroidie, qui prend toutes les formes et qui n'en a aucune ; ça ne ressemble à rien : des lueurs dans un chaos.

Christophe sourit :

— C'est à peu près cela, dit-il. « *Les yeux du chaos qui luisent à travers le voile de l'ordre...* »

Mais l'autre ne comprit pas le mot de Novalis :

(— Il est vidé, pensa-t-il.)

Christophe ne chercha pas à se faire comprendre.

Quand ses hôtes prirent congé, il les accompagna un peu, afin de leur faire les honneurs de sa montagne. Mais il n'alla pas bien loin. À propos d'une prairie, le critique musical évoquait des décors de théâtre parisien ; et le peintre notait des tons, sans indulgence pour la maladresse de leurs combinaisons, qu'il trouvait d'un goût suisse, tarte à la rhubarbe, aigres et plates, à la Hodler ; il affichait d'ailleurs, à l'égard de la nature, une indifférence qui n'était pas tout à fait simulée. Il feignait de l'ignorer.

— La nature ! qu'est-ce que c'est que ça ? Connais pas. Lumière, couleur, à la bonne heure ! La nature, je m'en fous.

Christophe leur serra la main et les laissa partir. Tout cela ne l'affectait plus. Ils étaient de l'autre côté du ravin. C'était bien. Il ne dirait à personne :

— Pour venir jusqu'à moi, prenez le même chemin.

Le feu créateur qui l'avait brûlé pendant des mois était tombé. Mais Christophe en gardait dans son cœur la chaleur bienfaisante. Il savait que le feu renaîtrait : si ce n'était en lui, ce serait autour de lui. Où que ce fût, il l'aimerait autant : ce serait toujours le même feu. En cette fin de journée de septembre, il le sentait répandu dans la nature entière.

Il remonta vers sa maison. Il y avait eu un orage. C'était maintenant le soleil. Les prairies fumaient. Des pommiers les fruits mûrs tombaient dans l'herbe humide. Tendues aux branches des sapins, des toiles d'araignées, brillantes encore de pluie, étaient pareilles aux roues archaïques de chariots mycéniens. À l'orée de la forêt mouillée, le pivert secouait son rire saccadé. Et des myriades de petites guêpes, qui dansaient dans les rayons de soleil, remplissaient la voûte des bois de leur pédale d'orgue continue et profonde.

Christophe se trouva dans une clairière, au creux d'un plissement de la montagne, un vallon fermé, d'un ovale régulier, que le soleil couchant inondait de sa lumière : terre rouge ; au milieu, un petit champ doré, blés tardifs, et joncs couleur de rouille. Tout autour, une ceinture de bois, que l'automne mûrissait : hêtres de cuivre rouge, châtaigniers blonds, sorbiers aux grappes de corail, flammes des cerisiers aux petites langues de feu, broussailles de myrtils aux feuilles orange, cédrat, brun, amadou brûlé. Tel, un buisson ardent. Et du centre de cette coupe enflammée, une alouette, ivre de grain et de soleil, montait.

Et l'âme de Christophe était comme l'alouette. Elle savait qu'elle retomberait tout à l'heure, et bien des fois encore. Mais elle savait aussi qu'infatigablement elle remonterait dans le feu, chantant son tireli, qui parle à ceux qui sont en bas de la lumière des cieux.